写作变现指南

新手也能写爆文

WRITING REALIZATION

夕夕酱◎著

江苏凤凰文艺出版社
JIANGSU PHOENIX LITERATURE AND ART PUBLISHING

图书在版编目（C I P）数据

写作变现指南：新手也能写爆文 / 夕夕酱著 . -- 南京：江苏凤凰文艺出版社，2022.11

ISBN 978-7-5594-7110-9

Ⅰ . ①写… Ⅱ . ①夕… Ⅲ . ①汉语 – 写作 – 指南 Ⅳ . ① H15-62

中国版本图书馆 CIP 数据核字（2022）第 152344 号

写作变现指南：新手也能写爆文

夕夕酱 著

责任编辑 王昕宁
策划编辑 小 米
特约编辑 连 慧
装帧设计 介 桑
责任印制 刘 巍
出版发行 江苏凤凰文艺出版社
南京市中央路 165号，邮编：210009
网 址 http://www.jswenyi.com
印 刷 三河市兴国印务有限公司
开 本 880毫米 ×1230毫米 1/32
印 张 8
字 数 134千字
版 次 2022年 11月第 1版
印 次 2022年 11月第 1次印刷
书 号 ISBN 978-7-5594-7110-9
定 价 45.00元

前言

FOREWORD

我最初写作，就是想要寻找人生的另一种可能。

从小到大，我一直过着循规蹈矩的生活，按部就班地读书、找工作。在当时看来，一切都是最好的选择，但未必是自己最喜欢的选择。而写作让我在工作的八小时之外，开启了人生的另一种可能。

文字让我站在更高的平台上，被更多的人看见，被更多的人认识。稿费成了我额外的收入来源。

从懵懵懂懂的写作初学者，到能够独立且稳定上稿的签约作者，再到已经指导了近五百名学员的写作导师，写作让我实现了人生的“三级跳”，也让我在工作之外实现了更多的人生价值。

这一切都始于 2016 年的那个夏天。

2016 年，我还在读大学。那天，我正坐在上海的地铁里，像往常一样去做家教。我在地铁里刷着手机，关注到了一个平台，然后在这个平台上关注到了一位作者。

当时，他的文章经常被推荐上平台的首页，获得了很高的点赞量和关注度。从他的文章中，我发现他和我一样都是福建人，而且他跟我一样，都还是正在读大四的学生。

这些相似的经历让我鼓起了勇气。我心想，既然他可以，那我为什么不试试呢？

大学时期的我从来都是个闲不住的人，一有机会就会找各种兼职。我做过家教，发过传单，拉过横幅。

印象最深的是有一次我在会展里做兼职。那天我五点多就起床了，坐上了早班的地铁，花了两个多小时才到达会展的场地。

我负责的是给来宾的证件盖章，从早上八点愣是一直站到了下午五点，几乎没有休息。

等到了下午两点才吃上了午饭，而这吃午饭的一二十分钟，就成了我那天唯一的休息时间。吃完之后，我不敢过多休息，又赶紧去接替还没有吃饭的其他人。

当时，有一位一起做兼职的大姐心疼地对我说：“好好的一个大学生，何必来做这个兼职呢，又苦又累的。”

是啊，何必呢？既体现不出自己的专业价值，也没有过多的技术含量，对提升自己的技能也没有任何的帮助，谁来做其实都可以。

可是对于那时的大学生来说，能够做的兼职真的是少得可怜。不是发传单，就是贴海报；不是洗碗扫地，就是端茶送水。

这些纯体力劳动的兼职，几乎让人看不到前景。而这时候，写作带给了我一种新的可能和机会。

当时，自媒体写作平台正处于蓬勃发展的阶段，出现了一大批优质的作者。而这当中的很多人原先也曾是和你我一样的普通人，但他们却凭借着写作发光发热，实现了人生的逆袭。

他们让我看到了一种希望。于是我就更加坚定了自己的写作之路。

我是从 2016 年 12 月开始写作的。那时候的我的人生阅历很有限，所以能够写的也都是与大学相关的题材。这也一度导致我的文章受众很局限。

而公众号的受众群体，主要是三十岁及以上的人群。这就导致我在投稿时频频被拒，因为大学类的主题过于年轻，不符合主要的读者群体。

其实，自媒体的文章类型有很多，主要有观点文、情感文、认知文、鸡汤文、励志文、热点文、亲子文。

于是，我就渐渐把我的写作方向调整到了励志方向，因为之前写的大学生活类的题材，也大多是积极向上的内容，这和励志文比较接近。这样转变过来，难度相对比较小。

然后，我想到既然我自己的阅历有限，那我能不能写写别人的故事？比如说，名人的故事或者影视剧里的故事。这样一来，就在很大程度上弥补了我阅历上的不足。

在励志文站稳了脚跟之后，我又想尝试其他的文体。

尝试过各种文体之后，我发现了一个很好的方法，那就是感同身受。

虽然我没有经历过，但我可以把自己代入到故事的情景当中，想象一下，如果自己是故事中的主人公，我会怎样做？

如果我正在写一篇主题为“吵架”的文章，那我就会想，如果我是故事里的主人公，我会怎么做？

吵架的时候，我通常不希望对方翻旧账，吵完之后，不希望对方冷暴力，或者吵完之后不希望双方有隔夜仇。

这样一来，我把自己代入到故事的情景当中，就会有很多感受可写。

正是这一招感同身受，让我的写作领域从励志文拓展到了观点文、情感文、鸡汤文、认知文。

直到上班之后，写作也一直是我的副业，让我在上班的八小时之外，一直有努力的方向和奔头。

就这样，我从默默无闻的写作小白，成为能写出上百篇“10万+”爆文的作者；从之前接二连三被拒稿，成为“十点读书”“洞见”“樊登读书”等头部公众号的签约作者；从提笔都觉得困难，到文章被人民日报、新华社等官媒转载。

起初是写作小白的我做到了，相信你也可以做到。

现在的生活压力和经济压力越来越大，很多人都在寻找合适的副业，而写作就成了不少人的副业选择。

但是由于没有掌握正确的方法，很多人即使花了不少时间，却依旧被接二连三拒稿，没能实现写作变现。

于是，我结合自身五年多的写作经验，总结出了一系列实用的干货和技巧，全都写在这本书中，可以让大家少走弯路，离写作变现更近一步。

书中的方法全面实用，可实操性强。

我写过上百篇“10 万 +”爆文，是众多头部公众号的签约作者，是个经验丰富的实战派。

而在过去这一年多的时间里，我也用这套方法，指导学员写出了上百篇“10 万 +”爆文，这当中不乏零基础的写作新手。

书中的这套方法，是被许多人验证过的，而且有零基础的小白用它在一个月的时间内写出了一篇、两篇、三篇甚至更多的爆文。

书中详细地讲明了写作必备的四个步骤，每个步骤都提供了多个方法供大家学习和选择，还提到了锻炼发散性思维的方法，拓展大家写作的思路，解决了写作小白没有灵感的烦恼。最后加入了实战环节，带大家跨出写作的第一步，从零到一写文章。

这些内容不仅易于理解，而且实操性强。相信大家看完之后，不仅能够克服心理的障碍，也能克服行动的障碍，提起笔来，开始写作。

本书以“实用方法＋实战案例”相结合的方式呈现。

第一章，在正式讲解写作干货之前，我和大家分享了写作之前需要知道的五件事；第二章，介绍了自媒体文章常见的五种类型；第三章，讲解了写作四步骤，即选题、大纲、素材、完整成文的方法和要点。

第四章，解决“写什么”的问题，教会大家如何寻找写作灵感，以及解决“怎么写”的问题，教会大家如何变着花样写文章。

第五章，实战推演，以我的爆款文章为例，揭露“10 万＋”爆文背后的思路和谋篇布局；第六章，教大家如何从零到一写文章，写作是个实操性很强的领域，看再多的方法，如果自己不动手写一遍，也没有效果，在这一章，我会手把手教大家如何动手写文章；第七章，讲解了提升写作收入的秘诀，我会从成长思维和写作速度等方面，教大家快速成长。

夕夕酱

2022.2.10

目录

contents

第六章

新手如何迈出第一步，从零到一写文章

第七章

提升写作收入的秘诀

第一章

写作之前，你需要知道的五件事

第1节
什么是新媒体文章

早期的文章更多是发表在报纸和杂志上，我们把它称作纸媒。

而新媒体文章与纸媒不同，是指依托于互联网平台，比如公众号、百家号、企鹅号、今日头条、小红书等而发表的文章。

那么，新媒体文章有什么特点？

首先，以互联网为载体的新媒体文章没有时间和地点的限制，只要有一部手机或一台电脑，随时随地都可以写起来。

其次，新媒体文章的受众面很广。一般来说，纸媒的受众主要面向的是当地群众，但新媒体文章的读者可以遍布全国各地。

而且新媒体文章更灵活。一般来说，纸媒印刷之后就很难收回再修改了，但新媒体文章发布之后，依然可以再次编辑修改。

新媒体文章的互动性更强。纸媒的文章印刷出版之后，很难收到读者的反馈，但新媒体文章往往都有评论区。我们可以通过评论区去了解读者对文章的看法和评价，以此来完善我们的文章，从而形成正向反馈。

我们要如何写好新媒体文章呢？我认为，最重要的因素有三个，即找准受众、起好标题、套用框架。

找准受众就是要清楚你的读者是谁。职场文写得再好，全职妈妈也不会感兴趣；亲子文写得再好，大学生也不会感兴趣。

想要让你的文章受欢迎，首先要找准受众。投其所好，去输出对方所感兴趣的内容。

打磨标题也很重要，俗话说："题好一半文。"决定文章点击率和阅读量的往往就是文章的标题。

好的标题，自带流量。具体如何打磨，我会在下文中和大家展开介绍。

在文章中一味地讲道理，会让人觉得太过生硬。将故事与道理相结合，就会生动许多。

因此，套用“故事＋观点”的框架，会让文章整体的可读性更强。这就需要我们学会套用文章的结构。

新媒体文章还有一个特点，就是变现模式很特别，一般分为四种：投稿变现、流量变现、广告变现、带货变现。

投稿变现就是写出符合平台要求的文章，通过投稿赚取稿费，从而实现变现。

流量变现就是一些平台会根据文章的阅读量和点击率，给予相应的报酬。

当你积累了一定的粉丝量之后，就会有商务合作主动找上门。你在平台投放对方产品的广告，对方会给予一定的报酬。你就可以靠广告变现了。

带货变现就是替对方的产品做宣传，每成交一单产品，对方就会按照一定比例支付佣金。

第 2 节
作者需要培养读者思维

写作最忌讳的就是“自嗨”，想到什么就写什么，全然不顾平台的要求和读者的喜好。

想要文章上稿，想要赚取高额稿费，就要有读者思维。从读者角度出发，写出读者感兴趣的内容，才能获得高阅读量和高点赞量。

因此，写作之前我们要想清楚这几个问题：

首先，写给哪些人看？

写文章之前，要先想一想，你的文章是写给哪些人看的。如果你的读者受众是宝妈，写职场就没太大意义；如果你的读者受众是职场人士，写育儿内容就吸引不到他们。

动笔之前，先想一想你的受众处在哪个年龄段，性别是男是女，处在什么行业领域，对什么内容或话题感兴趣。

知道你的读者受众是哪些人，才能够投其所好，进而写出受他们欢迎的文章。

其次，讲清楚什么事？

我们常说，文章要形散乱而神不散。虽然一篇文章有两千多字，但是文章里的所有故事、观点，都要围绕着主题展开，确保抓住核心要点不离题。利用并列式或递进式结构，从多个角度围绕主题进行延伸。

最后，向哪些人学？

新手刚开始写作的不足之处有很多，需要学习的地方也有很多。我们可以对标优秀作者，即以优秀作者为榜样，学习他们文章中的结构、思路和金句。

我在写作前期，就以一个作者为榜样，学习并拆解了她的大量文章，从中学到了很多论述的方法和句子的表述方式。

如何做到不“自嗨”呢？有几个比较简单的方法：

1. 与我有关

直接聚焦相关的人群，指明年龄、性别、身份等信息，让读者不自觉地将自己代入。当你的文章符合以上条件时，读者就会觉得文章的内容与自己有关，从而点开来看。

例如，“人过三十，明白这三点就是幸事”“女人一生，必须要经历四次放下”“对待妻子的态度，是你最真实的人品”。

这几个标题中都指明了人群的特定信息。第一个标题指明了具体的年龄，第二个指明的是性别，第三个指明的是针对丈夫的身份。

这些文章都直接对标到了相关人群，让读者觉得与自己有关，从而会想点开文章来看。

2. 对我有益

内容对读者有所帮助，比如拓展认知，即告诉读者一些他们原先所不知道的内容，或者给读者提供越过越好、变优秀、提升格局等方面的行动指南。

以下标题就是“对我有益”的例子 :“这才是‘性格决定命运’的真相”“一个人悄悄变好的五个征兆”“三句话说透人生，越早明白越好”。

3. 抒我心绪

说出读者内心想说的话，引起读者的共鸣，读者才会转发文章，你的文章也就能获得高点赞量和高转发率。

例如，“我再也不想做情绪稳定的成年人了”“我见过情商最低的行为，就是不把自己当外人”“我支持你以貌取人”“他没有很忙，只是你不够重要”。

这类文章的标题中大多带有“我”“你”“成年人的世界”。这类文章因为说出了大家想说却不敢说的话，或者用华丽的辞藻和精准的语言，表达出了读者积蓄心中已久的想法，从而广受读者的欢迎。

第3节
找到写作领域和对标账号

新手如何从零开始写作，提升自己的文笔，并且提高文章被录用的概率？

作为一个拥有五年经验的自媒体写作者，我就结合自己的经验，和大家分享四个实用的方法。

1. 选择适合自己的文章类型

自媒体文章涵盖的范围非常广，包括亲子类、情感类、鸡汤类、励志类、热点类、认知类……可以说是涵盖了方方面面。

你可以结合自己的经验和经历，选择自己感兴趣的领域。比如说你对带娃比较有心得体会，有自己的一套育儿方法，那你就可以写亲子类的文章。你对婚姻相处之道比较有感悟，那你就可以写情感类的文章。你乐观豁达，对待事物总能看到积极的一面，那你就可以写鸡汤类的文章。你在学习、工作之上一路开挂，是大家眼中“别人家的孩子”，那就可以写励志类的文章。

总的来说，你擅长什么，你对什么感兴趣，那你就可以选择那一类的文章。

2. 精准对标账号

在开始写作之前，总要给自己选择一些学习的榜样。所以这就需要我们对标平台账号，以及关注相应的关键词。

给大家推荐三个公众号 :“十点读书”“有书”“洞见”。这三个公众号都是粉丝数量达到千万级别以上的大平台，内容质量很高，参考性和借鉴性强，而且平台每天都会发布七八篇文章，相对来说文章量比较大，几乎涵盖了自媒体文章的各种类型，可供学习的内容也比较多。

如果你想侧重写职场类的文章，可以关注“插座学院”，如果是侧重写亲子类的文章，可以多关注“凯叔讲故事”，如果是侧重写情感类的文章，可以多看“卡娃微卡”，如果是侧重写国学类的文章，可以看“儒风大家”。

如果以上平台已经不能满足你，还可以在微信上输入关键词搜索适合你的文章，不同类型的文章的关键词不同，为方便大家搜索查找，我在这里罗列了一些以供参考：

情感类文章：婚姻/感情/好的关系/相爱/相处/在一起/嫁给……

励志类文章：走上坡路/越过越好/厉害/高手/牛人/优秀的人……

亲子类文章：妈妈/父母/孩子/养娃/带娃/教育/萌娃/小学生……

鸡汤类文章：好的人生/生活/心态/活明白了/活法/想开/看开/放下……

3. 如何动笔写作

一开始我们往往会觉得动笔很困难。

其实，你不必一步到位，可以先完成再完美。因为人都是有畏难情绪的，如果目标设置得太高，可能因为难以达到，而萌生放弃的念头。

我们可以设置阶段性的目标，循序渐进，既能减缓自己的压力，也容易让自己行动起来。

记得我刚开始写作的时候，一篇文章最多只能写到八百字，到后面写的时间长了，逐渐增长到一千二百字，再到一千六百字，再到两千字。

难以写下去的一大原因往往是无话可说，此时，我们可以先围绕着你日常生活中的话题来讲，先把主要的观点讲清楚，然后可以延伸到好处、坏处、影响、危害、原因……

一般来说，正面事例就讲好处和影响，反面事例就讲坏处和危害，而原因是正面事例和反面事例都可以用的。

第4节
写作新人最关心的五个问题

我知道，很多人对于写作想要尝试，但又心生顾虑。

在这一部分，我会围绕着大家最关心的五个问题，让大家更加了解写作，也帮助大家在写作这条路上，能够发展得更加顺利。

1. 要不要日更

日更指的是每天更新一篇文章。

很多人想要通过日更来锻炼写作的敏感度，但又觉得，日更很容易变成只有数量，而没有质量。

以我为例，我是从 2016 年 12 月开始在一个自媒体写作平台上写作的，开始的那段时间，我几乎做到了日更。每天都在绞尽脑汁地想话题，想着今天要写什么样的文章。

但结果就变成，为了应付差事而写作。

那时，为了完成当天的日更任务，我想到一个话题就仿佛抓住了救命稻草似的，赶紧拿来写文章。却没有考虑，这个话题有没有深度，受不受读者喜欢，数据会不会好。

如果你把这些问题都考虑清楚了，你是很难做到日更的，因为单单考虑这些问题，就占用了你大量的时间。

在开始的那段时间里，虽然我做到了日更，但我的文章却很少有爆款。甚至在那一年半里，我写了上百篇文章，粉丝数量连一千个都不到。可以说是一个很惨淡的数据。

后来，在我上稿了之后，我逐渐意识到爆文的重要性。比方说，如果我有一篇上稿“十点读书”的文章，先后被人民日报、新华社、人民网等官媒转载，单单这一篇文章的累计阅读量就能达到上亿。

可见，一篇爆文的传播力和影响力，是远远胜过十篇普通文章的。

因此，我是不建议大家日更的，因为文章质量比数量更重要。

你可以每天坚持写五六百字，保持一下对写作的感觉，但不必急于匆匆完成一篇文章。

磨刀不误砍柴工。你可以多花点时间研究一下读者的喜好，研究一下文章的深度。想清楚了再下笔去写，效果反而会更好。

2. 能赚到多少稿费

这是很多写作新人最关心的问题。今天我来跟大家揭秘，写作到底能赚到多少钱。

一般来说，在公众号投稿这一块，小号的单篇稿费大多在一百元到三百元之间，大号的单篇稿费大多在三百元到八百元之间。

我们以平台的粉丝数和阅读量来划分大号和小号。粉丝数量在十万以上，或者单篇文章阅读量在一万以上，我们一般认为是大号；粉丝数量在十万以下，或者单篇文章阅读量在一万以下，我们一般认为是小号。当然，这个只是我们根据稿费情况进行的大致划分，并不绝对正确。

大家可以大概评估一下，想要月入过千的话，至少平均要上稿四到六篇小号，或者至少平均上稿一到三篇大号。

当然，随着写作能力的提升，你写出来的文章质量会越来越高，能够登上的平台也会越来越大，拿到的单篇稿费也会越来越多。而且，随着写作的速度越来越快，在相同的时间内，你能完成的文章篇数会更多。所以总体来说，我们的写作收入是会上涨的。

3. 如何提升写作能力

（1）坚持练笔

俗话说："三日不弹，手生荆棘。"意思是，三天不弹琴，手就像长了荆棘那样不灵活。

有些技能，一旦停止练习，技艺就会生疏。写作就是这样。

写作是个实操性很强的技能，如果自己不动笔去写，那掌握再多的方法也没有用。所以我建议大家每天坚持写五六百字，保持对写作的敏感度。

（2）拆解爆文

拆解爆文就是从平台上选取高阅读量和高点赞量的文章，对它进行模仿和学习。

对于新手来说，拆解爆文是提升写作能力的捷径。当我们不知道该怎么写的时候，就要看写得好的文章是怎么写的。取别人的长处，来补自己的短处。

在拆解的时候，我们需要重点关注大纲、素材、金句这三方面内容。（详见第八章。）

（3）仿写金句

金句是最能体现文章文采的一部分。一般来说，文章能够上稿大号还是小号，主要也是取决于金句。

有了金句，你的文章深度和层次会迈上一个台阶，也会更受审稿编辑的青睐。

我们平时可以通过仿写金句来提升文笔。在平时练习写作的时候，也可以多用一些成语或比喻、对仗等修辞手法，来提升文章的文采。

4. 如何寻找投稿资源

怎么把写好了的文章投出去实现变现，这也是大多数人关心的一个问题。

给大家推荐几个公众号："投稿小秘书""投稿约稿平台""文字投稿小秘书"。这几个公众号每天都会发布征稿的公众号信息，大家可以从中去寻找投稿资源。

5. 如何跟编辑老师打交道

首先，文章须以 Word 形式进行投稿，文件以"笔名＋文章标题"命名。

其次，投稿一般有邮箱投稿和微信投稿两种形式。建议大家优先选择微信投稿，这样方便和编辑老师及时沟通。

在和编辑老师沟通时，多使用敬语和礼貌用语，以便给编辑老师留下好印象。

投稿文章一般在三到七个工作日内回复，不要频繁催促，给编辑老师造成困扰。若超过七个工作日未收到回复，可主动询问编辑老师投稿情况。

若编辑老师提出改稿要求，我们要耐心配合。因为改稿的过程，也是提升写作能力的一个好机会。

小秘诀：我们要避开一稿多投的行为。

投稿的文章要求必须是原创首发。也就是说，文章必须是我们原创的内容，而不能照搬别人的。而且，在投稿之前，不能在其他平台公开发表过。

如果你同时投稿多个平台，那么，当一个公众号想发表的时候，会发现另一个公众号已经发布了。这样就会导致这个公众号的编辑老师已经确定好了排期，到了要发表的时候却发不了。

一稿多投是编辑老师很反感的行为，也是每个作者应该极力避免的。

第5节
新手文章写不下去应该怎么办

对于一个写作新人来说，前期最大的问题就是字数写不够。

一般来说，一篇自媒体文章的字数要求在一千八百字到两千四百字之间。而很多人往往写到五六百字，就已经到极限了。甚至有的人不知道该写什么，最终变成了勉勉强强凑字数，字数是够了，可内容却不尽人意。

其实文章都是有基本的逻辑框架的，先把框架搭建好了，再按照框架去填充内容，就不怕没内容可写。

自媒体文章有个最经典的结构，就是把文章划分成四部分，前三部分以“故事 + 观点”的形式写，第四部分是输出观点。

这个结构也很适合新手来写，在写作前期，如果大家不知道如何搭建写作框架，可以直接套用这个框架来写。

从这个结构中，我们也不难发现，自媒体文章其实就分成两大块——故事和观点。

只要掌握了故事和观点的写法，就不愁写不好自媒体文章。接下来，我来跟大家说说如何写好故事和观点，打好自媒体文章的基础。

1. 故事

（1）写作六要素

写作六要素包括时间、地点、人物、起因、经过、结果。如果大家刚开始不知道应该怎么写故事，只要把这六要素交代清楚了，就能把事情的来龙去脉讲清楚了。

举例来说，上周末，我去楼下的水果店买水果，老板娘十分热心地帮我挑选水果。后来回到家我才发现，老板娘趁我不注意，以次充好，放了好多磕碰了的水果进去。从那以后，我再也不去她家店里买水果了。

这个故事中的写作六要素分别是：

时间：上周末

地点：楼下水果店

人物：我和水果店老板娘

起因：我去买水果

经过：老板娘挑了磕碰的水果给我

结果：我不再去老板娘店里买水果

（2）具体情节支撑

在一个故事中，人物非常重要。我们要把人物的形象刻画得立体生动，就需要具体情节来支撑。例如：

例一：小王是个特别自律的人。

例二：小王是个特别自律的人，每天早上五点起床，运动半个小时，然后背一百个英文单词。天天如此，从不间断。

我们来看，第二句加了具体情节之后，人物形象就更加生动了，也更能够体现人物的自律。

（3）结果导向性

故事是为了论证观点服务的。如何用故事来论证观点呢？我们可以以结果来说服读者。

如果你支持这个观点，就让故事中的人物因为这样做有好的结果；如果你反对这个观点，就让故事中的人物因为这样做有不好的结果。

举个例子，假设你要论证“一个人最大的本事，就是靠谱”这个观点，那就让故事中的人物，因为靠谱有了一个好的结果，并让故事中的人物因为不靠谱，有了不好的结果。

比如说，甲在公司里丢三落四，领导交代的任务经常不能按时完成，业绩经常不达标，最终没有通过试用期考核。

乙对领导交代的内容经常能够保质保量地完成，关键时刻从不掉链子，不仅获得了领导的好评，也顺利通过了考核期。

甲因为不靠谱，有了“没有通过试用期考核”这个不好的结果，乙因为靠谱，有了“顺利通过考核期”这个好的结果。

这个就是结果导向性。

写故事的时候，一定要把故事的结果突显出来，用结果来论证你的观点。

2. 观点

观点看似很难写，其实也是有方法可循的，可以围绕着这三方面展开：深挖原因、探究好处、罗列危害。

我就以“赚钱”这个主题为例，来教大家如何从这三方面来写观点。

深挖原因：为什么要赚钱？因为生活中方方面面都需要用到钱，小孩上补习班需要用钱，生一场大病需要用钱，想要过上更好的生活也需要用钱。

探究好处：钱能给我们带来底气，给我们带来安全感，能让我们抵御生活中的各种风险。

罗列危害：没钱处处难。婚姻中，没有经济来源，就只能依靠丈夫，看丈夫的脸色过日子；没有钱，就没办法给孩子提供更好的教育，就只能为了省钱，舍不得买更好的东西，处处节俭，过廉价的生活。

第二章

自媒体写作，常见的五种文章类型

第1节
观点文：表明态度，以理服人

想要提高文章的上稿率，就需要我们按照平台的标准和要求去写作。

目前受平台欢迎的文章主要有以下五种：观点文、热点文、情感文、认知文、励志文。

接下来，我会跟大家逐一介绍这五类文章的特点。相信掌握了这些内容，大家就能够成功入门自媒体写作了。

在观点文中需要表达一个明确的态度和看法，告诉读者你支持什么，反对什么，也就是你的立场是什么。

观点文需要以理服人，所以最重要的是要能够逻辑自洽。

观点文主要有以下五种类型：

1. 表达对某些人的看法

人活一世，免不了要跟人打交道，所以和人相处，应该深交哪些人，远离哪些人，是大家感兴趣的话题。

例如，“千万不要跟双标的人做朋友”“千万远离不停消耗你的人”“‘生性薄凉’的人，最值得深交”。

2. 表达对某些事的看法

这类文章的标题的写法就是“事件：看法”。标题的前半部分是事件的内容，后半部分是表达对这个事件的看法，中间用冒号隔开。

例如，“中科院寒门博士论文‘致谢’戳痛无数人：在人间，谁活着不是在渡劫”“三十六岁主播突然停播，住院手术：那些不要命的成年人，活得有多心酸”“合肥四十二岁独居外卖员，离世一个月无人问津：成年人的孤独，悲喜自渡”。

3. 表达对某些行为的看法

这类文章要写你对某些行为的赞同或者反对。也就是变相给大家提供行动指南，告诉大家应该怎么做，不应该怎么做。

例如，“别去打扰一个不愿意理你的人”“别问在吗，有事请直说”“反省自己，是一个人变好的开始”。

4. 提供判断标准

通过一个较小的点，去判断一个较大的结果。比如通过形象来判断收入，通过说话方式来判断命运，通过钱品来判断人品。

例如，“你的形象，决定了你的收入”“你怎么说话，就是什么命”“钱品好的人，人品不会差”。

5. 进行特征总结

这一类文章一般是和数字相结合，具有总结性，会让人觉得内容较为全面。

例如，“一个人真正成熟的三大标志”“一段感情开始变质的三个迹象”“人品好的人，都有这四个特征”。

第2节
热点文：抓人眼球，以快制胜

热点文主要是写当下刚发生的新闻，或者正在热播的影视剧。因为新闻刚发生，或者影视剧正在热播，读者对它们的关注度很高，所以文章的阅读量和点击率都会获得不错的数据，文章很容易成为爆款。

因为新闻事件多种多样，能够切入的观点也多种多样，没有统一的规律可循。所以这一部分，我会以自己的经验总结出一些规律。很多人都有看剧的习惯，我就以影视剧为例，和大家分享影视剧热点文的八个切入角度，教会大家如何把看过的剧变成写作素材。

1. 剧中人物的发展历程

剧中人物的发展历程一般都是有起有伏的，可能是一开始很不顺心，但凭借着剧中人物的努力，过上了理想的生活。也可能是一开始十分顺利，但因为自己的一个失误栽了一个大跟头。我们可以写人物的人生轨迹，也可以写他的职场，还可以写他的情场，从这个人物的发展历程中收获一些感悟，或者总结他成功的经验，或吸取他失败的教训。

给大家举几个例子：

曾经受观众喜爱的电视剧《都挺好》受到很多读者关注，我们就可以抓住这个热点，从女主人公苏明玉的发展历程中找到切入点：小时候苏明玉在家里被妈妈区别对待，过得并不如意，长大后凭借着自己的努力在职场中获得晋升，赚了不少钱，不仅改变了自己的处境，还帮家里解决了困境，日子过得舒心多了。因而，我们可以从这部剧的人物发展历程中总结出：成年人的底气，都是钱给的。

同理，根据电视剧《知否知否应是绿肥红瘦》中的女主人公盛明兰的发展历程来看，明兰是庶女，在盛家自小就不得宠，可后来却成了盛家过得最好的姑娘，改变了自己的命运。我们就可以从她改变命运的经历中总结出三种能力，以此作为切入点写成一篇文章。

再举一例，《延禧攻略》中的主人公魏璎珞进宫的时候只是个不起眼的小宫女，后来一步步地走上了令妃的位置，作为一个没有任何身份和背景的普通女人，魏璎珞实现了人生的逆袭。我们可以以此为切入点，总结出她逆袭的秘诀，写成一篇文章。

2. 剧中人物的性格 / 品质

剧中人物一般都有比较鲜明的性格特征和一些或好或坏的品质。比如《欢乐颂》里的安迪成熟稳重，曲筱绡豪爽仗义。这些性格上的特征都在一定程度上影响了她们的人生轨迹，促使了她们的成功或失败。

我们可以从人物的性格和品质来寻找文章的切入角度。

3. 剧中人物对比

剧中人物对比就是指将剧中两个差异较大的人物进行对比分析，解读产生差异的原因。

例如，电视剧《知否知否应是绿肥红瘦》中有许多母亲的角色，我们可以对比剧中的三个妈妈——王大娘子、林小娘、卫小娘，再对比这三个妈妈所生的孩子的成就，从而得出，王大娘子虽然脾气暴躁些，但秉性善良，她的孩子也都有好前程；林小娘为一己私利不择手段，她的孩子也是如此，且她的婚姻也过得不幸；卫小娘善良又有智慧，所以她的孩子明兰也是聪明正直，也因着这点最后过得最体面幸福。我们从中可以得出这个结论：妈妈三观正，才是孩子一生最大的福气。

4. 根据人物互动引发的思考

根据人物互动引发的思考是指剧中的两个人或者多个人之间发生了某些事，启发了你的思考。

比如，《知否知否应是绿肥红瘦》里康姨妈差点害死亲妹妹，由此我们可以思考亲戚间怎么相处最安全；《都挺好》中苏明玉和父亲苏大强一开始关系算不上好，大结局的时候却和解了，由此我们可以思考怎样与父母和解；《知否知否应是绿肥红瘦》中，明兰劝淑兰与丈夫和离，从明兰的话中，我们可以得出：找一个靠谱的男人很重要。

5. 影视剧的台词

我们也可以把影视剧中比较经典的台词作为切入角度。

比如，《知否知否应是绿肥红瘦》中的明兰说了一句“与人相守，最终依靠的还是那最低处，品性的最低处”，我们可以把这句台词作为切入角度写成一篇文章，甚至可以从中取得一个标题“与人交往，要看一个人品行的最低处”。

明兰还说过这样一句话："读书无用论，这话就是骗人的，我觉得这句话，不过是那些男人们希望女人一辈子浑噩愚昧，乖巧听话，好摆布。"我们就可以以此为话题，探讨读书的重要性在哪里，或者批判"读书无用论"，从而写成一篇文章。

6. 影视剧幕后的故事

电影《泰坦尼克号》拍摄时，有一个把盘子和碗摔碎的画面，当时导演发现摔碎的那一万多个盘子和碗底部没有泰坦尼克号的标志，这不符合当时的情形。即使这个画面在电影中只呈现一秒钟，导演也要求重拍，并自行承担盘子和碗的费用。这个故事就可以从注重细节、追求完美、对自身要求严格这些角度来切入。

曾经有一个女演员在拍戏的时候不会游泳，但跳水戏她坚持不用替身，为了一个镜头纵身跳水数十次。这个就可以从敬业精神或者能吃苦的角度来切入。

小秘诀：影视剧在热播的时候，主创团队会经常上节目做宣传、接受采访，聊一些拍摄期间发生的趣事，我们也可以从中来寻找选题。

7. 影视剧演员在现实生活中的故事

一部影视剧受观众喜爱了，大家对剧中演员的关注度也会变高，所以我们可以从这些演员在现实生活中发生的事入手。

比如，有些演员在现实生活中是实力派演员，但一直没有什么知名度，在他们演的电视剧热播的时候，他们也跟着被大众所认识和喜欢。但他们成名时已四五十岁了，到这种年纪被众多观众所喜爱，在演艺界中算得上是真正的大器晚成，我们就可以从“大器晚成”这个角度来切入写作。

有位演员扮演的角色很坏，导致观众对他骂声一片。他就在微博上跟观众一起骂那个角色，结果不仅没有掉粉，还涨了不少粉丝，我们就可以从“自黑”这个角度切入，写一写“自黑”带来的好处。

当一剧热播的时候，我们可以从扮演主角的演员的真实故事来切入，写一写她的人生有哪些值得人们学习的地方，比如有篇文章的标题是“三十七岁演员再度爆红：比改变更难的，是接纳自己”。

8. 把不同影视剧的同类角色进行比较

我们可以对比同类角色的共同点，也可以对比不同点。

例如，盛明兰是《知否知否应是绿肥红瘦》里的角色，魏璎珞是《延禧攻略》里的角色，但两个人有个共同点，就是一开始出身低微，但凭借着自己的努力实现逆袭，所以我们可以通过对比这两个角色，总结出成功女人的共同点。

樊胜美是《欢乐颂》中的角色，苏明玉是《都挺好》中的角色，但这两个人也有一个共同点，就是受到原生家庭的拖累，所以我们通过对比这两个角色，可以找到这么一个切入角度：原生家庭亏欠你的，你要自己找回来。

魏璎珞是《延禧攻略》里的角色，如懿是《如懿传》里的角色，但这两个人都是皇上的妃子，不同点就是一个人过得快乐，另一个人过得不快乐，所以我们可以以此为切入点，对比分析这两个角色，分析魏璎珞为什么过得比如懿快乐。

第 3 节
情感文：引发共鸣，以情动人

情感文主要是围绕感情与婚姻展开，聚焦于如何选择伴侣，以及在感情中应该如何与伴侣相处。

情感文的写法主要有以下八种：

1. 应该选择什么样的伴侣

比较常见的写法有：应该嫁给一个什么样的人，找一个什么样的人，和什么样的人在一起，爱一个什么样的人。类似于给大家提供一个择偶的建议。

你可以往正面写，即要选择什么样的人，如“余生嫁给那个让你做回孩子的人”“找一个频率相同的人在一起”“爱一个可以随时打扰的人”。也可以往反面写，即不要选择什么样的人，如“别爱一个让你廉价的人”。

2. 从伴侣的特征入手

同样也是可以从正面和反面两个角度来写。从正面的角度可以思考，在一段好的婚姻中，伴侣有什么特征？从反面的角度就是在一段不好的婚姻中，伴侣有什么特征？重点是在人上面，可以写男人有什么特征，也可以写女人有什么特征。

例如，“婚姻中过得好的女人，大多性格强势”“好的婚姻，属于带脑子的女人”“好的婚姻，老公都很会撒娇”“聪明的女人，从不让男人放心”。

3. 从婚姻或感情的特征入手

前面是讲伴侣的特征，现在是讲婚姻或感情的特征，即好的婚姻是什么，或好的感情是什么。

例如，“好的婚姻，需要自疗力”“好的感情，是细水长流地宠坏你”“最好的爱情：肯同甘不共苦”“最好的夫妻关系，是遇事不责备”。

4. 如何判断一段感情的好坏

此时，我们需要提供一个判断感情好坏的依据，比较常见的写作格式是：婚姻或者感情好不好，通过XXX就知道，如“婚姻好不好，称一下体重就知道”“感情深不深，吵一架就知道”“感情好不好，去一趟超市就知道”，还可以写“婚姻幸不幸福，就看这三点”。

5. 如何对待感情

如何对待感情也就是给人们提供行动指南，分享一些婚姻和感情的经验和经营之道，如“幸福婚姻的秘诀：谈钱，谈钱，谈钱”“不乱结婚，是一个女人应有的自觉”“孝而不顺，是婚姻幸福的前提”。

6. 对婚姻或感情的感悟

也就是你是如何理解婚姻或感情的，对此有什么态度和看法。比如，“婚姻幸福，是因为嫁对了人”“门当户对，是婚姻里最大的谎言”“婚姻超美的，你值得结一次婚”。

7. 引用权威人士对婚姻的看法，或者引用调查数据得出结论

我们可以引用权威人士的观点表达我们自己对婚姻的看法，如，有一位离婚律师调查出轨，发现婚姻里，有些方面比三观更重要，我们就可以总结出来运用到文章当中。我们还可以在网上搜索知名人士对婚姻的一些说法，然后引用到自己的文章当中，

如，林语堂就曾说："把爱情当点心，把婚姻当饭吃。"如果你认同这句话，就可以以此为题写作。

除此之外，我们还可以用调查数据。有人针对一份离婚调查分析得出婚姻失败的原因，于是写了一篇题为"一百四十万对夫妻离婚原因曝光：打败婚姻的不是出轨，而是……"的文章。或者我们直接利用大数据作为引子和背书，引出我们想要写的内容，例如"最新离婚大数据曝光：所有的分手，都是蓄谋已久"。

这一类的文章就是利用名人效应来增加影响力，或者利用权威数据来增加说服力。

8. 揭露感情的现状 / 真相 / 本质

这类文章一般是深层次挖掘婚姻或感情背后的本质，说一些大家原先不知道的观点，给大家提供新的认知。例如，"婚姻的真相是跟谁过，其实都一样""遗憾，才是爱情最大的真相""中年夫妻的爱情，全靠良心死撑"。

第 4 节
认知文：刷新认知，给人启发

认知文主要是写一些大家原先不知道的内容，或者大家原先没有发现的特征和规律，以此来拓宽大家的认知边界。

认知文的写法主要有提升格局认知、与已有认知唱反调、用引喻拔高深度、用排比句式拔高深度四类。

1. 提升格局认知

提升格局就是告诉人们一些提升格局、拓宽认知的方法，这些题目就是告诉我们该如何提升认知的：“成年人顶级的社交格局是……”“一个人认知越来越高的三种表现”“让我受用终生的三种思维方式”“提升格局的三把钥匙（深度好文）”。

2. 与已有认知唱反调

与已有认知唱反调就是你在文章中表达的观点与大部分人相反，从而引起读者的好奇，点进去一探究竟。但最终一定要能够自圆其说。

比如，一般我们都希望记忆力好，但这个题目“善忘，是一种顶级的人生智慧”却表达了相反的观点，让人眼前一亮；一般我们都觉得婚姻应该简单纯粹，可是这个题目“好的婚姻，一定要有所‘图’”却告诉你婚姻应该有所图谋，让人忍不住点进去看看他为什么这么说；一般我们都认为为人要大方，这个题目“人到中年，收起你的大方”却唱反调，让人不禁产生好奇心。

3. 用引喻拔高深度

即用比喻去暗指人的一些现状或者处境，以此来拔高文章的深度。

例如，这个题目“别把自己的脚，伸进别人的鞋里”，就是在暗指不要多管闲事。我们再举几个例子，得以充分理解。“谁都有雨天没伞的时候（深度好文）”，“雨天没伞”指的是人的低谷和逆境；“不要因为给别人撑伞，淋湿了自己”，此处则是在暗指，不要因为帮助别人，而使自己受到伤害。

这些比喻的说法都很新颖，这种全新的表述能让读者更新已有的观点。

4. 用排比句式拔高深度

使用排比句就是在标题里罗列出对应的三种情况，并且做到字数相同、句式一致。

在标题“余生最好的活法：心中无事，眼中无碍，口中无怨”中，都用到了“X 中无 X”的句式，显得既工整，又有深度。而在标题“人生最高境界：看得开、想得通、咽得下”中，都用到了“X 得 X”的句式，在标题“顶级的自律：不说闲话，不管闲事，不惹闲人”中，都用到了“不 X 闲 X”的句式。

排比的形式会让人觉得思考有深度，文章更有说服力。平时我们在看到这种句式时可以收集起来，在自己写作时学以致用。

第 5 节
励志文：积极向上，给人能量

励志文大多是积极向上的，让迷茫的人看到希望，让正在坚持的人获得动力。

励志文的写法主要有给人带来希望、提供成长方向和揭露成长真相三类。

1. 给人带来希望

每个人都会经历低谷和逆境，这类文章会给处于低谷时的你带来一些劝慰和鼓励，告诉你，任何事情最终都会往一个好的方向去发展。

比如，“谁都有雨天没伞的时候”“人在低谷时，怎么走都是上坡路”“人生如茶：先苦，后甜，再淡然”。

2. 提供成长方向

每个人都希望自己能够加速成长。如果你能够给大家提供一些成长方向的建议，你的文章也会很受读者的欢迎。

比如，“学会克制，是成熟的标志”“独处时做什么，决定了你是谁”“成年人最高级的自律是断舍离”。

3. 揭露成长真相

揭露成长的真相就是告诉大家成长的本质。

例如，“你越强大，世界就越公平”“一个人的本事，藏在细节里”“人这一生，改变命运的三次机会”。

第三章

学会这四步，写好文章不用愁

第1节
选题：题好一半文，文章就顺了

俗话说："题好一半文。"

如果你选择投稿变现的方式，需要知道，平台的编辑每天都要审阅大量的稿件。这就意味着，他们停留在一篇文章上的时间会很短。

而编辑在审稿时，第一眼看的就是选题。如果你的选题不被平台编辑所认可，可能编辑连你的文章都不会打开，就直接拒稿了。

在这一小节，我会教大家如何把好"选题"这一关。把选题做好了，你的上稿率至少能提升百分之八十。

1. 选题应该避开什么

（1）避开“自嗨”

我在开头就强调过写作要有读者思维，避免“自嗨”。所以在写作时，我们尽量不要写个人的独特经历或者感受，而是要写能让大多数人产生共鸣的普遍感受。

比如这个标题“人和人最大的区别是：戏如人生还是人生如戏”，给人的感觉就像是在玩文字游戏。读者其实并不关心到底是戏如人生还是人生如戏，因为这对大家的生活没有实质性的帮助。

（2）避开人尽皆知

有些观点是属于人尽皆知的观点，例如对于“好的婚姻，需要夫妻双方共同经营”这个观点，读者本身已经知道好的婚姻是需要夫妻经营的，就没有太大的兴趣再去看你长篇论述这个观点。

（3）避开老旧内容

有些内容在几年前就出现得比较多，这些内容读者已经熟知了，当你再去写这些内容的时候，读者就已经不感兴趣了。

也就是说，读者的思维在进步，我们也要跟着进步，不要总是写一些老生常谈的东西，而是要给读者提供一些新的认知。

比如这个话题“余生，做个不将就的人”，几年前这种说法比较流行，但近些年没什么人再提了，属于比较旧的话题。

2. 一个好选题应该具有的特征

一篇好的文章，要能够给人提供价值。我们主要可以往这两个方向去考虑：情绪价值和认知价值。

除此之外，受众范围还应该尽可能广，这样才能吸引更多读者的兴趣，文章的阅读量和点击率才会高。

（1）情绪价值

有时候，我们常常词不达意，没办法很精准地表达我们想说的内容；有时候，我们碍于情面，有些话明明想说，却难以启齿，说不出口。

而想要给读者提供情绪价值，就是要说出大家的心里话，能够让大家认同。内容更多是关于情绪、心态、感受这些方面。

这样的例子比比皆是：“每天给自己一个开心的理由”“我不建议你对别人太好”“无论和谁，都别熟得太快”“夜晚可以矫情，白天只能拼命”“别把那个对你好的人弄丢了”。

这些文章要么告诉大家要有一个好的心态，要么告诉大家应该如何跟别人相处，这里的相处更多是指情感方向的。

比方说，不要投入太多的感情，否则容易被对方伤害。或者要珍惜别人对你的好，否则对方可能就会渐渐疏远你。

还有告诉大家应该要用怎样的情绪去面对生活，比方说夜晚可以发发牢骚，可以矫情，但是白天却得戒掉情绪，拼命工作。

（2）认知价值

提供认知价值就是说出大家原先不知道的事情，增长大家的见识，或者给大家提供新的观点和思考维度。

比方说，告诉读者，生活中的一些错觉应该如何避免，或者讲一些生活中的扎心真相，让他们能够认清。

也可以告诉他们一些颠覆认知的东西，比方说，你原先觉得不应该麻烦别人，殊不知好的关系都是麻烦出来的。

也可以总结出一些迹象，比方说每个人都希望能够变富，希望能够越来越好，那你就可以告诉大家，变富的几个迹象或者越过越好的几个迹象，如“一个人越来越富有的三个迹象”。

（3）受众范围广

一般来说，文章不要限定于某类群体，受众范围要尽量广。

如果你把受众局限在职场人士，那全职妈妈就不感兴趣；如果你把受众局限在年轻人，那中老年人就不感兴趣；如果你把受众局限在领导阶层，那普通的一线职工就不感兴趣。

我们总希望文章的阅读量要尽可能多，点击率要尽可能高，所以涵盖的受众群体要尽可能广。如果你只把文章局限在某类群体，其他人就不会打开看，文章的阅读量也会不尽如人意。

所以，我们在写作时，尽量选择一些通用的选题，比如“聪明人，三不说”“认清一个人，这三点就够了”“谁都靠不住，除非你有用”“一个人格局变大的三个迹象”“早起，比熬夜更可怕”。

不管什么年龄、什么性别、什么行业、什么领域，都会对上面提到的这些选题感兴趣。

受众范围广，不仅文章的阅读量高，能够投稿的公众号类型也多。

（4）内容出彩

内容出彩可以从两方面入手：挖掘深度和挖掘感受。

挖掘深度就是要写一些大多数人第一反应想不到的内容。

像“钱，是检验感情的最佳标准”“吃得苦中苦，方为人上人”“读书和不读书，过的是不一样的人生”，这些都是读者比较熟知的内容，不用看也知道大致是讲什么内容了，还有什么必要点开来看呢?

其实，换个角度，往往会得到出其不意的效果。

比如，把“钱，是检验感情的最佳标准”换成“成年人，钱在哪，心就在哪”；把“吃得苦中苦，方为人上人”换成“世界正在偷偷奖励那个自讨苦吃的人”；把“读书和不读书，过的是不一样的人生”换成“读书，是成本最低的自律”。调整完之后，就会变得新颖许多，给人眼前一亮的感觉。

挖掘感受就是说出读者的内心感受，说出大多数人的心声，从而引发共鸣。

做法很简单，你可以把平时的不满宣泄出来，比如“你永远不会让所有人满意”。也可以根据自己的真实生活经历说出心声，比如我的学员有个好朋友，平时没事聊得很好，但她结婚的时候请她参加婚礼却遭到了拒绝，明明两个人就在同一个城市，只是不同区域，她朋友便以距离太远推拒。事后，她就以“我结婚你都不来，还嫌远”为题，写出一篇高点击量的文章。

这一类文章的标题一般都带有双引号，让读者感觉你在跟他们说心里话。

（5）句式出彩

给大家总结一些出彩的例子，大家在今后写作的过程中可以试着去套用。

①三点式：

例一：人帮人，人比人，人踩人

例二：人到中年，不走三亲，不比三物，不喝三酒

例三：成熟的人：留意，留心，留路

这些小标题都是列出三点内容，并且每一点都是用对称的句式，让人觉得很有文采。

②对仗式：

例一：没什么，别没品；缺什么，别缺德

例二：做人，让自己开心；做事，让别人放心

例三：赢什么，别赢了感情；输什么，别输了心情

这些句式也很对称。“没”对应“缺”,“自己”对应“别人”,“赢”对应“输”。这一类的句式也很能体现文采。

③正话反说：

例一：真正会过日子的夫妻，都很会“占便宜”

例二：远离你身边这种“好心人”

例三：我支持你以貌取人

这些都是与大家已有认知相反的，大家都觉得“占便宜”不好，可第一句却说会过日子的夫妻，都很会“占便宜”。这么写可以通过反其道而行之，说出与大家已有认知相反的内容，从而

吸引读者点开文章来看。

④重复强调：

例一：成年人的最高境界：装傻，装傻，再装傻

例二：好的婚姻：谈钱，谈钱，再谈钱

这一类句式通过将一个词反复说三遍，起到了强调的作用。我们在今后写作的时候，如果想要强调某一做法的重要性，也可以采用这种重复说三遍的句式。

3. 如何判断一个选题的好坏

在找选题之前，我们需要提升对选题的判断力，知道什么样的选题是好的，这样找起来才会更加顺利。

大家在判断选题时，可以从以下三方面进行考虑：时效性、新颖度、共鸣度。

（1）时效性

有些选题是有特殊时效性的，如果过了那个时间段，你再拿去投稿，就基本没有公众号收了。

比如，《高考成绩出来了：无论结果如何，请坚定地站在孩子身边》这篇文章，就适合高考成绩刚出来的那几天发。别的任何时间发肯定都不合适了。

像“2022，最好的生活观”这种带年份的标题，一般适合

在一年刚开始或者一年快结束的时候发，作为对新的一年的憧憬，或者对快结束的一年的总结。你在 5 月或者 9 月发，基本上是不会有人看的。

像《英国一演员再婚生子，家属首次发声：他欺骗了太多人》这种文章属于热点文，一般是要在事件发生的三天内发。过两三个月，事件热度降下来，读者的关注度低了，基本就很难上稿了。

（2）新颖度

新颖度主要是考虑两方面——避开旧选题和寻找新选题。

如何避开旧选题？我们可以用关键词搜索的方法进行自查。在公众号内输入相关的关键词进行搜索，如果出现的文章很多，并且时间大多是在 2019 年及以前发表的，那这个选题大概率就是一个旧选题。

如何寻找新选题？我们可以采用由大及小法。通过已有的上稿文章去判断选题的范围，然后聚焦到同范围内的其他表现形式。

举个例子，《好好说话，你就赢了》这篇文章是属于情商领域的，我们可以想一想，高情商的表现还有哪些？比如说，给人台阶下也是高情商的一种表现，那我们也可以由此得到一个选题：真正的高情商，就是给人台阶下。

也就是说，先把好好说话放大到情商领域，再从情商领域聚焦到具体的表现——给人台阶下。

（3）共鸣度

如前所述，我们不要只是表达自己的独特观点和独特经历，要尽量能引起共鸣。当初杭州小伙逆行这个事件受到了很多人的关注，正是因为引起了大多数人的共鸣，因为大家都有在生活中崩溃无助的时刻。

如果你只是讲自己的独特经历，比如家有四娃、和韩国婆婆相处，或者只是讲自己的独特感受，比如留学时的孤独、独自抚养弟弟长大成人的心酸，那么，因为大家都没有遭遇过这些事，所以就很难引起共鸣。

4. 如何入手找选题

（1）从关键信息入手

即从年龄、性别、时间或节日、地点、影视剧或名著、热点事件等入手查找你感兴趣的选题。

①年龄

这一类文章经常出现这几个关键词：成年人、人到中年、人过三十、三十岁后……

虽然这样做就把读者限定在了某个年纪的群体，但是这个年纪的群体的受众范围很广。成年人、中年人、三十岁以上的人，正是目前公众号受众的主要群体，读者也很容易对号入座，觉得文章与自己相关，就会点击阅读。

类似的选题有“成年人顶级的自律，是降低对他人的期待”“人到中年，健康是一种责任”“人过三十，不要在朋友圈‘显摆’这些”“三十岁后，一定要明白这几个道理”。

②性别

这样的选题标题中往往带有“女人”或者“男人”这两个词。女性是公众号读者中的主力军，看到带有“女人”这类字眼的文章，女性读者很容易因为说到自己的心坎里去，而点赞和转发。

而写男人的文章会让她们更了解男人。如果文章中的男性正好跟自己的丈夫相吻合，也很容易转发给自己的丈夫看。这在某种程度上，也能够提升文章的阅读量。

类似的选题有“男人没格局，比没钱更可怕”“认清一个男人，三件事就够了”“一个女人真正的成熟，从三个看淡开始”“女人真正的成熟，从狠心开始”。

③时间或节日

以时间和节日入手的文章一般比较应景，也会比较具有仪式感。

比如说，3 月就发“致 3 月”的文章，在元宵节发跟元宵节相关的文章，在冬至节气发跟冬至相关的文章。

这一类文章一般都是美好的祝愿或者提出希冀，往往会因为应景而被大家转发。

以此为标题的文章有很多，我在这里给大家举几个例子：《3 月你好：愿你心怀滚烫，不负大好春光》《致 4 月：不为往事扰，余生只愿笑》《今日冬至：愿你熬过所有的苦，余生皆是坦途》《冬至：愿你要的幸福，能如期而至》。

④地点

选择一些有生活气息的地点，或者让人深有感触的地点，写出来的文章也很能引起共鸣。

这类文章比较常提到的地点是医院、超市、菜市场……

这种标题可以这样起：“去一次医院，就活明白了”“婚姻好不好，去趟超市就知道”“一个人走投无路，就放他去菜市场”。

⑤影视剧或名著

一部影视剧最少都有二三十集，这当中有非常多的情节、对话、人物。我们能够从中提取出的写作素材和灵感都特别多，名著也是一样。

电视剧版的《三国演义》家喻户晓，里面的内容非常多，我们可以选取一个感兴趣的点进行解读，比如“《三国演义》：话不可随口，事不可随心，人不可随意”。

狄更斯的《双城记》是世界经典名著，有许多值得人们学习的地方。我们就可以选取一个角度，结合生活实际进行解读，比如选择爱情这个角度，就可以以“读懂《双城记》，就读懂了爱情的真相”为选题写一篇文章。

⑥热点事件

热点事件一般都是关注度高、阅读量大的话题事件，这一类的文章阅读量通常会比常规选题的文章高得多。

热点事件可写的选题有很多，包括演员的动态如“某演员官宣新恋情：感情好不好，就看这一点”，新闻事件如“抵制新疆棉花曝光二十四小时后，让人热血沸腾的事情发生了”，还有商业人物如“三十六岁主播突然停播，住院手术：那些不要命的成年人，活得有多心酸”。

⑦身边故事

创作来源于生活。我们每天都会经历各种各样的事情，这些事情就可以成为我们的写作灵感。

不过要特别注意的是，不要讲鸡毛蒜皮，也不要讲家长里短，因为这一类的内容读者并不感兴趣。要尽量选取一些对大家有启发，或者让大家有共鸣的故事。

比如，你频繁参加各种酒局，结果把身体给喝垮了，于是悟出一个道理：要减少无效社交。

再举个例子，你深夜在朋友圈诉苦宣泄，第二天却依旧得打起精神努力工作，于是有了一个感悟：夜晚可以矫情，白天只能拼命。

⑧综艺节目

最近综艺节目很多，每个综艺节目中的人物都有很多的行为、互动以及对话，其中可以作为素材的内容也特别多。

写情感类的文章时，可以重点关注情侣、夫妻类的综艺节目，比如《怦然再心动》《妻子的浪漫旅行》《婆婆和妈妈》《女儿们的恋爱》。这当中有很多情节都可以挖掘出来作为文章的素材，比如在《妻子的浪漫旅行》中，有一个女演员老了之后不想和丈夫回老家生活，这个事情可以用来论证“永远不要试图改变另一半”。

写励志类的文章时，可以关注一些选拔类的综艺节目。比如《中国诗词大会》中的外卖小哥一举夺冠的故事，当时关注度极高。很多作者都把他的故事写进了文章里，成了当时的爆款内容。

一般来说，比赛选拔类的节目总有一些晋级的选手，他们背后总有一些不为人知的励志故事，我们可以写他们晋级的故事，也可以写他们背后的成长经历，这些都可以作为写作的素材。

写亲子文可以重点关注一些亲子类的综艺节目，比如《爸爸去哪儿》《妈妈是超人》《爸爸回来了》。这当中很多父母与孩子的互动都可以作为素材，引发读者对亲子关系的思考，以及对教育孩子的探讨。

说到这里，还有一个综艺节目想跟大家强烈推荐，那就是《奇葩说》。其实每一季《奇葩说》播出，都会登上微博热搜，当中的一些言论可以直接作为文章的金句或者选题。每一季播出时，公众号和朋友圈都会出现特别多相关的文章。

⑨经典评论

很多时候，我们的发散性思维不够强，看待事物的角度过于单一，无法提出多角度的看法。我有个很好的办法，就是多看评论，从而培养逻辑思维。

在公众号文章下面的评论和微博下面的评论中，有很多不同的看法，我们可以从中了解人们对同一件事的不同看法。不同的观点相互碰撞，能够极大地拓展我们的思维和提升我们的逻辑能力。

比如同样是“善良”这个话题，评论中大家就说法不一，以下是我随机收集到的一些评论：“我从未决定不再善良，只是决定不再对谁都善良”“老虎的善良才是善良，绵羊的善良只是懦弱”“对你好是想你用同样的方式对我，而不是让你觉得你很牛”。

⑩对待人、事、物的态度

观点文中往往要阐明你对事物的态度。首先你可以写对自己的态度，这类文章的标题中大多带有“我”“自己”，例如“最高级的自律，是好好爱自己”“余生，放过自己”。

其次，是对待别人的态度，这类文章的标题中大多带有“你”，例如“太辛苦的钱，我建议你不要挣”“我不建议你对别人太好”“我劝你趁早认清这三个人生真相”。

最后，是对一件事的态度和观点。这样的选题大多与职场和生活息息相关，如“没有规矩的家庭，养不出感恩的孩子”“世上所有的病，都是情绪打了败仗”“会夸人，是顶级的情商”。

⑪行动指南

如前文所述，行动指南就是给大家指引方向，告诉大家正确的做法是什么，或错误的做法是什么。

首先，我们来讲一下“要怎么做”的选题。像“放下面子，才能扛起日子”“说话要软，做事要硬，做人要稳”“嫁给一个人之前，多去他家看看”“你的善良，要有点锋芒”“生气的时候，就默念这四句话”这些表述，都是教大家要怎么做。

这一类文章往往有固定的写作模式，即首先给出要别人这么做的原因，然后列举这么做的好处，最后教给别人具体行动的方法。

我们以《你的善良，要有点锋芒》这篇文章为例，按照上面说的三点罗列一下：

原因：好人有好报，但老好人没有。如果善良没有锋芒，就会变成软弱。

好处：善良有了锋芒之后，别人才不会一味地辜负和消耗你的好。

行动方法：不要对一个人太好。

那么，这一类型的文章应该如何选取事例呢？我们可以主要找这方面的事例：一个人因为这样做而获得了一个好的结果。比如，有一个人一味地对别人好之后，别人把他的好当作理所当然，反而得寸进尺地提出更多的要求。当他亮出自己的底线和态度的时候，对方才开始意识到他的好。

接下来，我来讲一下“不要怎么做”怎么写。像“余生，不回头，不纠缠，不将就”“聪明人，一辈子三不问”“看破别说破，知人不评人，知理不辩理”“别冷落了心里有你的人”“不要轻易原谅伤害过你的人”这些表述，都是叫大家不要怎么做。

和“要怎么做”的写作模式类似，这类选题是先给出原因，再列举坏处，最后给出正确的做法。

我们以《别冷落了心里有你的人》这篇文章为例列举一下：

原因：人心是会寒的，冷落的次数多了，对方也会心寒。

坏处：冷落的次数多了，对方就不会像以前那样再对你那么好了。

正确的做法：珍惜对你好的人。

那么，这一类型的文章应该如何选取事例呢？主要往这个方向去思考：一个人因为这样做而获得一个不好的结果。比如，有的人习惯把别人的好当作理所当然，但是当对方的真心一次次被辜负之后，那个人便开始收起了自己的真心，不再对他那般好。

（2）从已有的文章拓展

①旧选题翻新

前面我们说过，有些选题太旧了，读者不会感兴趣，但是如果你在这些话题中有比较好的想法或者非常想写的内容，我们可以通过换个说法来把旧选题翻新。

如何把旧选题翻新？我们可以从以下四个点入手：

第一点：老句式换个新词汇

老句式换新词汇就是延用原先的句式，然后替换掉句式中的关键词，例如：

例一：

老句式：我劝你做个“自私”的人

新词汇：我劝你做个“冷淡”的人

例二：

老句式：人到中年，收起你的玻璃心

新词汇：人到中年，收起你的热心肠

第二点：老观点换个新公式

公式在文章中是比较少见的。对于一些老观点，我们就可以通过公式进行翻新，如，我们都知道一个观点，如果你一直对一个人很好，但有一点做错了，你的付出就都付诸东流了，这时我们就可以用公式表达：100-1=0，这就是人性。

第三点：旧题材换个新人物

即通过新事件和新人物来把旧题材翻新。具体做法就是将后半句的内容保持一致，只改变前半句的事件和人物。

比如有个选题是“某模特泡面只吃四口：自律和不自律，过的是截然不同的人生”，你就可以套用这个说法到另一个人物身上，如“四十六岁演员瘦出高颜值：自律和不自律，过的是截然不同的人生”。

这个方法比较适合运用在热点事件当中，因为热点事件一发生就能够引起广泛关注。

第四点：旧选题换个新说法

这个方法比较困难，因为你需要重新想一个句式或表达方法来翻新一个观点。具体操作就是将相同的观点换一种新颖的说法，让人有新鲜感，如：

例一：

旧选题：错把平台当本事，是一个人最大的悲哀

新说法：离开位子你是谁

例二：

旧选题：钱，是检验感情的标准

新说法：成年人，钱在哪，心就在哪

②同一主题下的不同表现形式

当我们看到一个选题时，可以先判断一下它是在哪一个大主

题之中，然后再进一步思考，这个大主题具体有哪些表现形式。

比如这个选题“生气，最能见人品”，“生气”这个词实际上表达的是一种不满。

那我们可以进一步思考，表达不满的方式还有什么？

比如说，不满的时候，你可能会跟人吵架。那我们就可以得到与吵架相关的选题，比如“会吵架的夫妻，婚姻才会更长久”。

再比如说，不满的时候，你可能一激动，就容易出口伤人。我们就可以得到一个选题：言语伤人，是最低情商的行为。

除了出口伤人，你也可能直接跟对方翻脸。我们也可以得出一个选题：做人，该翻脸就翻脸。

通过这个方法，我们就可以利用发散性思维得到特别多相关的选题。

③近义词、反义词联想

每一个词都会有近义词和反义词。我们可以从标题中提取出关键词，然后去寻找这个关键词的近义词和反义词，从而得出不同的写作灵感。

比如这个选题“做人最忌讳的，是过于精明”，我们可以从中提取出“精明”这个关键词。

精明的反义词是厚道，我们就可以得出一个与厚道相关的选题：厚道，是一个人的顶级情商。

从“成年人世界的潜规则：能沉默的时候，别多嘴”这个选题中，我们可以从中提取出“沉默”这个关键词。

沉默的近义词是闭嘴，我们可以由此得出一个与闭嘴相关的选题：闭嘴，能解决百分之八十的问题。

④从读者心理入手

多从读者的角度去考虑，想想读者关心什么、喜欢什么，以及对什么感兴趣。

比方说，“一个人悄悄变好的五个征兆”这个表述就是抓住了大家想要成长、变优秀的心理，而“你每天坐多久，决定了你的寿命”则是抓住了大家想要变健康的心理，“找一个能说废话的人结婚”就是抓住了大家想要倾诉，希望被理解的心理。

5. 不同类型的选题，如何进行诠释

(1) 大而泛的选题，有多种解读方式

有些选题是大而泛的。比如说，决定你的命运、让你的日子变好、正在走上坡路、变成熟、有本事的人身上的特征……

这些选题是仁者见仁，智者见智，可以从不同角度进行切入，主要有这两种方法：

①单点聚焦型

单点聚焦型的核心思路就是围绕着一个点来展开。以“人品”这个话题为例，你可以围绕着人品为你带来的好处来展开论述，如人品让关系越来越好、让事业走上坡路、让你获得好人缘。总的来说，就是围绕着人品进行不同方面的阐述。

②多点发散型

每个小标题都是不同的点，我们可以围绕这些不同的点展开。比方说，同样是“人品让命运越来越好”这个选题，你可以写养一颗清静心、养一张富贵嘴、养一张和善脸，可以让你越过越好。这就是从三个不同的点对“命运越来越好”进行诠释。

（2）小而精的选题，递进论述

小而精的选题，其实就是在选题中把核心观点确定了。我们在写文章的时候，只要围绕着这个核心观点展开即可。

比如“好好说话的人，一开口就赢了”这个选题，就是属于小而精的选题，因为它的核心观点已经定了，就是“好好说话”，你在论述的时候，就以这个核心观点进行逐层递进的论述即可。

可以把“好好说话”上升到“换位思考”，再上升到“替他人着想”，再上升到“善良”，最后上升到“情商”。如此一来便形成了逐层递进，使文章更有深度。

（3）常规的选题，句式出彩

有一些常规的选题，比如说“人生，浓缩成三句话”“人的好运从哪里来”“走过半生，才明白这三个人生道理都是真的”，这些就属于比较中规中矩的选题。在写这一类选题的时候，我们要在句式上多下功夫。

比如“人生，浓缩成三句话”这个选题的文章的结构是：

第一点：遇人：不必交浅言深

第二点：遇事：不必害怕吃亏

第三点：遇挫：不必指望他人

这当中的句式就很对称，都是“遇 XXX 不必 XXX”的句式，这种规整的排比句式给文章增彩不少。

（4）出其不意的选题，自圆其说

有些选题是反其道而行之，颠覆大家的传统认知。

比方说“余生，我劝你做一个‘小气’的人”“好的婚姻，一定要有所‘图’”，这些观点与大家已有的认知相反。大家会觉得做人不应该小气，不应该占便宜，可是这篇文章却让你要小气，要会占便宜。大家都觉得婚姻中的夫妻应该是纯粹的，而不要有所图，可是这篇文章却让你要有所图。

这些都是颠覆大家已有认知的，不过没关系，只要你能够自圆其说，言之有理即可。在第一个选题中，你可以让大家要小气一点，该翻脸的时候就翻脸，不要委屈自己。在第二个选题中，你可以让大家在婚姻里要有所图，图对方对你好，图对方爱你。

这样既能够通过颠覆认知引起读者的好奇，吸引读者点进文章来看，又能够通过逻辑自洽、言之有理，让读者信服。

6. 万能标题公式

（1）一正一反给方法

即提出一个错误的做法，并且告诉大家正确的做法是什么。比如，“人到中年，不是向外追求，而是向内生长”“真正聪明的人，只抬人，不抬杠”“人可以精，但不能阴”。

这里的“向外追求”“抬杠”“阴”都是错误的做法，在否定错误做法的同时，我们要给大家提供正确的做法，即“向内生长”“抬人”“精”。

（2）三点并列同句式

连续写出三个相同句式的内容，以此来增添文章的文采。

例一：人贵三得：静得下心，沉得住气，拐得了弯

（都用到了“XXX 得 XXX”的句式）

例二：最好的自律：事不拖，话不多，人不躁

（都用到了“XXX 不 XXX”的句式）

例三：人与人最好的相处模式：尊重是标配，靠谱是高配，厚道是顶配

（都用到了“XXX 是 XXX 配”的句式）

（3）出其不意唱反调

即说一些与大家已有认知相反的观点，我们在前面已经提到这个方法了，在标题中我们可以这样处理，例如，“女人，千万不要嫁给‘好男人’”“我劝你做一个‘自私’的人”。

（4）大同小异换说法

新瓶装旧酒也是选题的一个常用方法。虽然两个选题本质的意思相同，但是变换了说法，就会形成不同的选题。

比如，你可以将“做个会装傻的聪明人”这个说法换成“成年人的最高境界：装傻，装傻，再装傻”这种说法，通过反复强调装傻，起到强化主题的作用，同时让你的说法也更有新意。

（5）以小见大

即将一个比较小的点作为判断依据，推导出一个较大的结果。

这么说可能有点抽象，给大家举几个例子：

例一：你几点睡，就什么命

几点睡对每个人来说不算什么大事，但什么命则事关重大了。通过几点睡推导出什么命，便是以小见大，引起人们的关注。

例二：你的体重，就是你的生活方式

体重是个比较小的点，生活方式是个比较大的点。将体重和生活方式放在一起，可以引起人们对于体重的重视。

（6）巧用比喻添文采

我们可以用一些比喻来暗指人或者处境，以此来增添文章的内涵。

例如，有人曾说："山上的人，不要瞧不起山下的人。"这里就是把不同阶层的人比喻成"山上"和"山下"，这样写比直接说"人"显得更有深度。这句"谁都有雨天没伞的时候"，则是用"雨天没伞"指人生的逆境和挫折。

（7）透过现象看本质

这个方法一般是和热点事件相结合。先讲一个事件，然后紧跟着写你对于这个事件的看法。

例如，"一个上海阿姨，带火了大润发：你的苟且，正在成为别人的红利""某运动员爆红以后，父亲拒绝捐款送房：父母三观正，是孩子一生的福气""河南暴雨后，有人假捐一万八千块钱，有人真捐十块钱：世间善良，从来与数字无关”。

（8）话说一半留悬念

即故意只把话说一半，而不全部说完，让你忍不住想要点进文章一探究竟，去寻找答案。

例如，“人最大的教养，不是礼貌，不是客气，而是……”“看清一个人，不用试探，不用猜测，只要……”“顶级的养生，不是睡觉，不是运动，而是……”。这类标题一般只说否定答案，而不告诉你肯定答案，从而引起你的好奇心，点进去一探究竟。

（9）结合情境更生动

即通过描绘一些情境来比喻我们的人生处境，会让读者在脑海里有画面感，整体更加形象生动。

例如，“晴天留人情，雨天好借伞”“推倒思维的墙（深度好文）”“浅水喧哗，深水沉默（深刻）”。这里的“晴天”和“雨天”指的是人生的顺境和逆境，“思维的墙”指的是固有思维，“浅水”和“深水”指的是人的音量。

（10）已有选题做加工

还有一个最实用也最便捷的方法，那就是直接加工爆款选题。

因为爆款选题本身已经是经过平台检验和读者认可的，获得了不错的阅读量和点赞数量。从这些选题入手，也更有利于提高我们文章的上稿率。

具体如何加工呢？给大家分享四个方法。

①在原选题的基础上，补充一个前提

比如原标题是“无论你和谁结婚，结果都一样”，我们在原有基础“和谁结婚都一样”上加上一个前提“爱自己”，就有了一个新标题：爱自己，和谁结婚都一样。

②替换一个关键词

例如，在这个标题“成年人的世界，谁不是一边崩溃，一边自愈”的基础上，我们可以把“自愈”变为“存钱”或别的关键词，就得到了一个新的标题：成年人的世界，谁不是一边崩溃，一边存钱。

③找一个参照物与原有标题进行对比

我们看这两个标题“你的格局，决定你的结局”和“人没格局，比没钱更可怕”，第一个标题是强调了格局的重要性，而第二个标题是把没钱和没格局进行对比，更加突出格局的重要性。

第2节
大纲：框架搭好了，文章才能不散架

我的学员中很多人文章写着写着就离题了，很大一部分原因是他们没有列大纲。

他们常常是花了很长时间，洋洋洒洒地写了两千多字，写完之后才发现，自己已经偏离了主题，然后又推翻重新再来。这其实是很可惜的，因为他们浪费了很多时间，做了很多无用功。

如果我们能够在写文章之前事先列好大纲，就相当于每一部分都有了主心骨。只要确保文章的大纲不离题，文章的每一部分都围绕着大纲来写，整篇文章自然也就不会离题。

大纲一般有三到五部分，每一部分都有相应的小标题充当该部分的核心论点。大家在论述时，只要围绕着各个部分的小标题展开即可。

大纲的前几部分一般都是文章的分论点，最后一部分起到总结或者升华的作用。

1. 大纲的三种经典结构

大纲主要有三种列法：并列式、递进式、对比式。

（1）并列式

并列就是从多个角度论述一个观点，角度从各个方面展开。

例如这篇文章《很多事我都介意，只是笑着说没关系》，其并列式结构是这样的：

第一点：引以为豪的成就被人贬低，其实我很介意

第二点：不合时宜的玩笑，其实我很介意

第三点：一番心意被辜负，其实我很介意

第四点：很多事我都介意，只是笑着说没关系

前三点罗列出了“其实我很介意”的各种情况，属于同一个观点的不同方面，也就是属于并列结构，而第四点是对文章的一个总结。

再举个例子，《我劝你做一个小气的人》这篇文章的并列式结构是这样的：

第一点：有些气，不必受

第二点：有些错，应该去纠正

第三点：有些事，值得去较真

这篇文章罗列出了你应该小气的各种情况，在受气的时候应该小气，在纠正错误的时候应该小气，在较真的时候应该小气，这些是应该小气的不同情况，也属于并列结构。

这两篇文章就是用的并列式，每个点之间虽然在逻辑上没有太大的关系，但每一个点都是这个主题中的一个部分，或是其中的一种情况。

一般来说，并列式结构的小标题都比较对称。像第一个大纲中的句式是“XXX，其实我很介意”，后半句都是相同的。第二篇大纲中的“有些 XXX”也是对称的。

（2）对比式

对比式就是从对立的两方面来写。比如这篇文章《社交最大的灾难，是太把自己当回事》，它的对比式大纲可以这样写：

第一点：社交最大的灾难，是太把自己当回事

第二点：社交，最忌玻璃心

第三点：社交，需要一点钝感力

这其实就是从对立面来写：不要“玻璃心”和要有“钝感

力”，也就是要什么和不要什么，就是互相对立的。

这种对比式结构会相对简单一点。一般情况下，我们在列大纲的时候，对比式结构用得会相对少一些，更多的是用前面的并列式结构，以及我们下面要提到的递进式结构。

（3）递进式

递进式结构其实就是在逻辑上层层递进，下一点的小标题是上一点的延伸。

像这篇文章《我差一点离婚了：婚姻中，比拳头更伤人的是舌头》的结构是这样的：

第一点：婚姻中，比拳头更伤人的是舌头

第二点：吵架可以，千万不要口无遮拦

第三点：好好说话，是婚姻里最该有的心机

第四点：好好说话，久久相爱，慢慢变老

第一个小点中的“拳头”其实就是指动手，“舌头”指的是说话，意指夫妻之间吵架甚至动手。第二小点进一步提出作者对吵架的看法，即吵架可以，但千万不要口无遮拦。紧接着又从吵架引申到应该好好说话，所以第三点就是“好好说话，是婚姻里最该有的心机”。最后作者提出愿景：“好好说话，才能久久相爱，慢慢变老。”

总而言之，这里的递进式体现在作者先提出一个问题，然后提出对这个问题的看法，接着是解决方案，最后是愿景。

我们再来分析一篇递进式的文章，《别纠缠，别回头，别念旧》这篇的结构是这样的：

第一点：决心要离开的人，别苦苦挽留

第二点：好心放手，胜过互相折磨

第三点：愿我们在彼此看不见的日子里熠熠生辉

第一部分是提出观点："决心要离开的人，别苦苦挽留。"第二部分就是进一步解释它的原因，不挽留是因为好心放手胜过互相折磨。最后就是提出愿景："愿我们在彼此看不到的日子里熠熠生辉。"

2. 大纲的三个核心要素

大纲的表现形式虽然千变万化，但核心要素就是这三个：是什么、为什么、怎么办。这三个要素所构成的大纲，主要有四种表现形式。

第一种都写"是什么"，比如，在下面这个结构中，作者认为，自律体现了你的生活，性格体现了你的气质，独立体现了你的生命力：

第一点：你的自律，藏着你的生活

第二点：你的性格，藏着你的气质

第三点：你的独立，就是你的生命力

第二种都写“为什么”，比如，在下面的结构中，作者认为，人不能太闲，因为太闲会容易生病、容易生事、容易堕落，这些都是在阐述原因：

第一点：人太闲，容易生病

第二点：人太闲，容易生事

第三点：人太闲，容易堕落

第三种都写“怎么办”，比如，在下面这个结构中，“对过去要淡”“对现在要惜”“对未来要信”，就是具体的行动方向：

第一点：对过去，要淡

第二点：对现在，要惜

第三点：对未来，要信

第四种是“是什么”“为什么”“怎么办”相互穿插，比如，在下面这个结构中，第一点的“道理讲清了，感情变淡了”，是从“为什么”入手；第二点的“感情要的是态度，不是道理”，是从“是什么”入手；第三点的“爱的第一步，是学会让步”是从“怎么办”入手；第四点的“好的感情，都有点不讲理”，是从“是什么”入手：

第一点：道理讲清了，感情变淡了

第二点：感情要的是态度，不是道理

第三点：爱的第一步，是学会让步

第四点：好的感情，都有点不讲理

3. 大纲的三个常见误区

（1）局限于一个关键词

如果在大纲中，一个词反复出现，相当于反复说同样的内容，文章的深度会明显欠缺。

比如，下面这个大纲中反复出现“玻璃心”这个词：

第一点：每个人都曾有一颗玻璃心

第二点：玻璃心，无法突出成长的重围

第三点：人生实苦，唯有自渡

第四点：三个方法，助你修复玻璃心

大家看一下，这四个点中有三个都在讲玻璃心，这样做给人的感觉就是同样的内容翻来覆去地讲，没有什么深度。

我们来看一下修改过后的大纲：

第一点：逆境，最能看出一个人的品格

第二点：一个人能取得多大成就，看他失意时的样子

第三点：千万别让玻璃心，拖垮了你的生活

第四点：抗挫折能力，决定你人生的高度

此时的大纲不再只是局限于玻璃心，而是涵盖了逆境、失意、玻璃心、抗挫折等不同方面。这是我指导学员写的文章，这篇文章后来成功上稿了“十点读书”。如果这篇文章连大纲都让人看起来没有深度，那是很难上稿大号的。

小秘诀：在列大纲的时候，可以尽量使用同义词去替换。

（2）内容不够具体

大纲的点是主题下面的具体表现形式，所以表述要尽量具体。

比如，我的一个学员的文章的主题是“成年人处世潜规则：能沉默的时候，别多嘴”，她最初的大纲是这样列的：

第一点：不了解事情的时候，别多嘴

第二点：别人难堪的时候，别多嘴

第三点：涉及别人隐私的时候，别多嘴

第四点：情绪激动的时候，别多嘴

大家看一下，这里的四个点全都有“别多嘴”，但多嘴的具体表现形式有很多，比如拆穿、评价、争辩，这些都可以用在文章中。我们按这个思路修改过后的大纲就是这样：

第一点：每个人的认知层次不同，别争辩

第二点：每个人都无法感同身受，别解释

第三点：每个人都有难言之隐，别拆穿

第四点：能沉默的时候，别多嘴

改完之后就包含了争辩、解释、拆穿等具体表现形式。这篇文章后来也是成功上稿“十点读书”。

小秘诀：列大纲的时候，尽量不要用笼统的说法，而是用具体的表现形式。

（3）没有关联度

大纲的点之间一定要有关联，也就是上文所说的，在逻辑上是递进或并列或对比关系。

我们来看这个大纲：

第一点：生活很苦，你就是自己的糖

第二点：既要全力以赴，也要允许自己空手而归

第三点：不发光的时候，都是在为发光做准备

第四点：就算这世界荒芜，总有一个人会是你的信徒

这版大纲是比较乱的，四个观点之间没有什么关系。

修改过后是这样的：

第一点：别总透支自己

第二点：别怕麻烦别人

第三点：别去抱怨生活

改完之后，这个大纲分别从自己、别人和生活这三部分来说，是并列关系，逻辑性就增强了。

对于彼此之间关联度不大的观点，可以通过对称句式建立起逻辑。

比如这个大纲：

第一点：你的面相，决定你的心相

第二点：你的认知，决定你的格局

第三点：你的习惯，决定你的阶层

“面相”“认知”“习惯”彼此之间没有什么逻辑上的关系，但是通过“你的XXX，决定你的XXX”这个对称句式，它们之间就建立起了联系。

4. 如何从零到一列大纲

对于写作新手来说，提升写大纲的能力是关键。因为大纲是一篇文章的核心，如果大纲写不好，写作新手就会经常写到一半，就不知道该写什么了，或者文章写着写着就偏离主题了。

就前面提到的三种大纲结构来说，对比式大纲比较简单，由一正一反两个观点组成。递进式大纲对于新手来说难度较大，而且没有太多规律可循。相对而言，并列式大纲会更适合新手学习和运用。接下来，我再和大家重点讲讲，并列式大纲应该如何列，以及需要注意哪些问题。

（1）每个点是同个大类的不同小类

我们还是用例子来解释什么是同个大类下的不同小类，比如，蔬菜、肉类、海鲜是食品这个大类下面的不同小类。

这是我们列并列式大纲的核心思路，即主题是一个大方向，大纲里的每个点是大方向下面的具体表现形式。

下面我给大家列举一些我指导的学员写的大纲案例，帮助大家进一步理解。

例一：

第一点：越自律，越出众

第二点：越自省，越进步

第三点：越慎言，越好运

“自律”“自省”“慎言”都是“习惯”这个大主题下的具体表现形式。

例二：

第一点：心太软，会委屈自己

第二点：想太多，会折磨自己

第三点：爱太满，是一场灾难

“心太软”“想太多”“爱太满”都是不开心的具体原因。

（2）句式结构要尽量对称

一般来说，并列式的大纲的句式要尽量对称，这样更能突显文采。如何才能做到句式对称呢？那就是保证字数和词性一致。

大家可以仔细看一下我前面举的两个例子，它们都用到了对称句式。

在第一个例子中，前半句的字数一致，后半句的字数也一致。

此外，其对应位置的词性也一致：自律是动词，自省和慎言也是动词；出众是形容词，进步和好运也是形容词。

（3）每个点之间不能有交叉

我们提到过，每个点要是同个大类的不同小类，同时，每个点之间的含义不能有交叉。

给大家举个例子：

第一点：和老人相处，记得维护他的自尊

第二点：和男人相处，记得照顾他的面子

第三点：和女人相处，记得观察她的情绪

这是学员自己列的一个大纲，但是被我否定了。因为这当中存在交叉——老人本身就包含了男人和女人。

（4）不能全是旧内容

我们的文章往往是要给读者提供新的认知的，不能老生常谈，总是谈论读者已经熟知的内容。所以这就要求我们的大纲不能全是旧内容。

比如说，不纠缠、不将就、不讨好、不懂事、不计较等都比较旧了，不建议同时出现在一篇文章里。

5. 并列式大纲实战演示

在这一部分，我会结合一些学员的上稿文章案例来和大家详细说说，如何列好并列式大纲。

这部分的实操性很强，建议大家可以反复阅读，然后尝试着把这些方法运用起来。

想要列好并列式大纲，主要有这四个步骤：

第一步，先把能够联想到的点都列出来，然后看看当中有没有能够串成一条主线的。

我们的大纲不仅要每一点都与主题相关，还要求每个小标题之间能够串成一条主线。也就是，我们需要在列出的内容中，把能够串成主线的内容拎出来。

我在指导学员写《人到中年，不得不㞞》这篇文章时，先进行头脑风暴，把能想到的与题目相关的点全部列出来：人到中年，不敢随意发脾气、不敢跟人争高低、不敢忽视健康、不敢在外崩溃、不敢随意发火、不敢凡事硬碰硬。然后从中挑选一些点组成一个大纲。

再举一例，我在指导学员写《成年人社交的三大错觉，越早认清越好》这篇文章时列的点如下：以为合群就能增进感情（换来友情）、以为有感同身受、以为自己在别人心中的位置很重要（不要高估关系，不要把自己当回事）。

第二步，把能够串成主线的标题拎出来，看一下是否需要再进行补充。

一般来说，并列式大纲前三个小标题是符合文章主题的三种情况，第四个小标题是对文章的总结。

也就是说，我们把能串成主线的小标题拎出来之后，需要看一下数量，如果少于三个，我们需要再去寻找其他内容进行补充。

从《人到中年，不得不㞞》所列出的点中，我拎出了两个点——不再随意发火和不再忽视健康。为了组成一个完整的并列式大纲，我还需要再想一点，于是我又补充了“不再凡事较真”。

那么，我就得到了一个完整的大纲：

第一点：不再随意发火

第二点：不再凡事较真

第三点：不再忽视健康

第四点：人到中年，不得不㞞

《成年人社交的三大错觉，越早认清越好》这篇文章中的每一点的侧重点都不同，没法构成主线。但这当中的合群是属于社交方向的，于是我就想，也许可以把主线定为社交方向。

所以我在后面就补充了加微信和圈子广，因为这两点都是社交方向的。这样就构成了一个完整的大纲：

第一点：以为加了微信就等于拥有人脉

第二点：以为合群就能增进友情

第三点：以为圈子广就等于混得好（热衷于无效社交）

第三步，按照逻辑关系，排列小标题的顺序。

虽然并列式结构的每个小标题都是同一个主题下的不同情况，但每个小标题还是有程度和层次上的区别。我们需要按照逻辑关系，来排列它们的先后顺序。

小秘诀：分享一个排序的小方法：排完序之后，把这三个小标题按照顺序读一遍，看顺不顺，逻辑和层次上的感觉对不对。如果感觉不太对，试着调换顺序，再读一遍，看看效果会不会好一些。

《成年人社交的三大错觉，越早认清越好》这篇文章的大纲之所以把加微信放在第一部分，是因为加微信是一个比较小的动作，而合群是一个概括性的行为，圈子广是一种概念，所以我就按照词语的程度由小到大进行了排序。

第四步，内容定下来之后，还要调整句式，句式要尽量对称。

我们往往是先确定内容，再进一步调整句式。

我在指导学员写《一个人最好的风水，不是五官，而是习惯》时，先敲定了自律、自省、慎言这三个点。然后就在寻找合适的句式，来描述这三个内容。

一开始，我是把关于自律的句式全都罗列下来了：

句式一：你有多自律，就有多美好。

句式二：自律出众，不自律出局。

句式三：你的自律里藏着你的福气。你有多自律就有多自由。

然后我思考哪个句式可以运用到自省和慎言中，最后才敲定了“越 XXX，越 XXX”的这个句式：

第一点：越反思，越幸运

第二点：越自省，越进步

第三点：越慎言，越好运

第 3 节
素材：素材够新颖，文章更加分

如果说，大纲是文章的骨骼，那么，素材就是文章的血肉。有了素材，文章才会显得更加丰富立体。

而且，没有人喜欢听一堆干巴巴的大道理。纯论述的文章会让人觉得枯燥，有了素材的填充，更能够引起读者的兴趣，增加文章的可读性。

1. 素材的六个主要来源

前文讲到，我们可以从影视剧、书籍和名人的故事中找选题。

除此之外，我们还可以从生活、微博热搜、话题评论区寻找选题灵感。

（1）生活故事

其实，只要我们仔细观察，就会发现生活中处处都有可探讨的话题，这些话题也可以成为写作的素材和选题。比如，楼下水果店老板平时经常给试吃，结账时又经常抹零，因而她家的生意比别家都好。我们就可以以此事为主题，写一篇“千万别小看那个敢吃亏的人”的文章。

（2）微博热搜

微博热搜可谓人们讨论话题的“主战场”，我们一定要充分利用。比如，曾经有个热搜特别火，讨论的是一个模特只吃四口泡面，有人看到了，就以“自律和不自律，过的是不一样的人生”为题写了一篇文章。

（3）文章 / 话题评论区

记得有位读者曾在一篇文章的评论区里说，她上初中的时候，坐卧铺火车去父母打工的地方。卧铺火车没有位置了，她就睡在过道。有位小姐姐睡在她旁边，悄悄把毯子分了一半给她。其实，我们就可以以此为素材，以“那些来自陌生人的善意”为切入点写一篇文章。

2.素材常见的五种写法

写法一：一个人因为做了什么事，而获得了一个好结果，结论部分升华到真善美上去。

例如，还是上面那个水果店老板的例子。我们可以这样写："水果店老板待客热情周到，经常给顾客试吃，结账时还给抹零，因而生意特别好。"由此，我们可以在文章结尾提出一个结论：厚道之人，必有"厚"福。

写法二：一个人因为做了什么不好的事，而获得了一个不好的结果。结论部分可以引导大家远离不良习惯、不良心态、不良行为。

例如，一个农夫因为怕下雨不敢种麦子，因为怕长虫不敢种棉花。两三年时间过去了，他什么也没有种，自然也就没有收成。由此，我们可以得出一个结论：想太多，是一种灾难。

写法三：文章中可以写两个人，一个是正面人物，一个是反面人物。通过一正一反的对比，用反面人物来衬托正面人物，从而突出主题。

例如，老李的两个儿子都是装修工。大儿子每次装修时都精益求精，而且还特别替业主着想，如果剩下一些木料，他就会帮业主做成一些实用的小凳子，不浪费材料。小儿子则做工十分粗糙，橱柜表面上有一个个明显的孔洞，十分不美观。业主叫他过来返工，他也总是敷衍了事。

日子一长，两个人的事业就渐渐拉开了差距。大儿子订单不断，收入多了，日子也渐渐红火了。而小儿子的订单则少得可怜，时常要为生计而发愁。

这个故事通过一正一反的人物对比，更加强调了人品的重要性。因而我们就可以得出一个结论：你的人品，就是你的运气。

写法四：两个人都是正面人物，通过两人之间发生的正面事件，来向大家宣扬一种好的价值观。

比如，有一年，刘姥姥家里收成不好，无奈之下，来到荣国府打秋风。凤姐好吃好喝地招待了她，临走时还送给她二十两银子。刘姥姥一直心存感激。后来荣国府没落了，旁人都避而远之，只有刘姥姥尽心尽力帮忙，去狱里探望凤姐，还想方设法救出凤姐的孩子。

这样，我们就通过两个正面事件，向读者传达“人和人之间，不过是一场以心换心”这个观点。

写法五：两个人都是反面人物，通过两人之间负面的行为，来批判某种不好的价值观。

例如，一天，妻子帮丈夫熨衣服，不小心把衣服烫了个洞。丈夫回来见了很是生气，一边数落妻子，一边翻起了旧账，说她经常丢三落四，忘带钥匙。妻子也不甘示弱，说丈夫喜欢抽烟，经常把家里弄得又脏又乱。吵着吵着，两个人就不欢而散。由此，我们可以在文章最后得出一个结论：一段婚姻的最大杀手就是翻旧账。

3.巧妙改编素材的四个方法

对于写作者来说，素材是必不可少的。就像厨师需要好的食材，才能做出一道好菜一样，写作者需要好的素材，才能写出一篇好文章。

但是，由于我们个人的经历有限，我们很难从生活中挖掘出好的素材。

就像 2016 年，那时我还在读大学，能写的大多是校园生活的故事。因为大学生活类的素材，对当下的读者来说偏年轻，所以我在投稿时频频被拒。

其实，未必只有亲身经历过的故事，才能成为写作素材。我们也可以通过一些方法生产出好素材。

我给大家分享四个方法，相信大家掌握了这些内容，也能够快速写出好文章，打造出自己的素材库。

（1）常见故事换个领域

有些故事在以往比较常见了，属于比较旧的素材，但我们可以通过变换领域，来把这个素材翻新。

比如，下面这个故事就是老生常谈：有家水果店，平日里总是缺斤少两，还经常趁客户不注意，在称重时掺一些腐烂的水果。久而久之，大家知道了老板的做法，就不去他家买水果了。

水果店的故事太常见了，这时，我们可以换个领域，比方说，改成药店的故事。

药店的老板总是以次充好，将一些劣质的药材卖得很贵。顾客买完之后，有种上当受骗的感觉。久而久之，生意一落千丈。

这样就比水果店的故事稍好，读者读起来会有一点新鲜感。

（2）补充结果有始有终

文章里的素材要有始有终，但是生活中的故事可能没有那么完整，这个时候，就需要我们补充结果，来强化主题。

比如，我有个表叔是个木工。前段时间我家装修，就请他来做木工。但是他来了之后，我们发现他本人并不会做，而是外包给其他人做。做工也是非常粗糙，橱柜表面留下一个个孔洞，很不美观。后来我联系表叔来返工，他嘴上答应着，实际并没有来。

我想用这个故事，来论证“靠谱”这个主题。故事中的表叔的行为其实是有些不靠谱的，因为我交代给他的事情，他不但没有做好，事后还没有返工。

但是，在这个故事里，表叔并没有因为不靠谱而受到什么惩罚，读者可能会觉得，不靠谱也没事。

如果我给故事补充个结果：我有几个同事，本来也想请表叔做木工，但是来到我家看到这做工，就另请他人了。表叔也因此亏了好几单生意。

有了这个结尾之后，就突出了本文的主题，故事就会变得更有说服力。

（3）改编情节论证主题

生活中发生的故事未必能够完全论证主题。我们可以根据主题对故事进行适当改编。

比如，前段时间，我妈的朋友阿秀听说我妈有些上火，于是她特意上山摘了草药，给我妈降火。

后来阿秀给我妈打了电话，说把草药放在楼下的保安亭了。我妈请她上楼喝茶，她拒绝了，因为刚才摘草药的时候淋了一身的雨，她急着回家换衣服。

这个故事不禁让人有些感动。阿秀知道朋友上火，就悄无声息地去为她摘草药，而且也没有特意邀功，只是在对方邀请上门的时候，才说了自己淋雨的事。

我当时是想写一篇主题为“礼尚往来”的文章，觉得这个素材可以用，但又不是特别合适。因为这个故事只有一方的付出，也就是阿秀对我母亲的付出，还构不成礼尚往来。

所以，后来我对这个故事进行改编，在这个故事的基础上补充了这个情节：过年的时候，我妈自己腌了腊肉，特地给阿秀送去了。

（4）正负变换改变走向

我们可以把正面的故事改成负面的故事，也可以把负面的故事改成正面的故事，这主要是看我们的主题是什么，根据主题来进行调整。

举个例子，有一次，我从动车站出来坐公交车，有位老人也在这里搭车。

上车之后，老人并不知道应该在哪一站下车，她一边打电话联系自己的孩子，一边询问司机。

老人的孩子很耐心地指引，司机也很耐心地回复。如果在公交站停车，老人需要走很远。于是司机特意在还没到公交站的地方停了车，这样做老人可以少走一些路。

这个故事很温馨，但如果你是想写一个孩子不孝顺老人的故事，来呼吁大家要对老人多一些关爱，那我们也可以把这个故事改编成一个负面的故事。

我们可以这样改：老人上公交之后，不知道要在哪里下车。她给孩子打电话，打了好几次才拨通。接通电话之后，孩子不耐烦地说："电话一直打，做个美容都不安心。"

老人弱弱地问："你搬了新家之后，我头一回来，有点找不着地方，你能不能出来接一下我呀？"

孩子不耐烦地说："我这才刚开始做美容，没那么快结束，你自己摸索着过来吧。"

改完之后，这个故事就由一个正面的故事变成了负面的故事，让人感觉到孩子的不孝顺，从而引发读者思考，我们应该对老人多一些关心和耐心。

4.寻找新颖素材的三个技巧

对于自媒体文章来说，寻找素材是一个很重要的环节。

我们可以通过故事中的人物情节以及故事的走向，给读者一些启发，让读者通过故事能够有所感悟。

而素材是否新颖，也是我们判断一个素材好不好的标准。

如果一个素材在过去已经被用过很多次了，读者已经熟知了，那他对这个素材就不会有太多的兴趣。这也是为什么我们的文章要求素材尽量新颖。

接下来，我会详细地向大家介绍一下让素材新颖的三个技巧。

（1）同个事件，换个人物

相信很多人都看过妻子支持丈夫演艺事业的故事。

有一位导演要筹钱拍电影，他的妻子义无反顾地支持他，她说："勇敢地去做你想做的事，即使失败了，我这边还有个小房子。大不了回到小房子，我们再一起努力。"

这个故事被很多人写到了文章里，用来论证"好的婚姻，都有江湖气""妻子是一个家的风水""妻子是丈夫的命运"等观点。

但这个素材被写得多了之后，读者就对它失去兴趣了。

如何才能把素材翻新呢？我们可以在故事里换个人物。

比方说，有没有其他人，同样是在丈夫需要支持的时候，义无反顾地支持他，然后在她的支持下，成就了丈夫的事业？

举个例子，我前段时间在看《腾讯传》，书中就提到了腾讯的合伙人的故事。

当时，这个人正在深圳的出入境检疫局工作，工作很安稳，听到朋友想要创业，他有些心动。但是又担心万一失败了，家里的经济来源没有着落。

他的妻子说："没关系的，我还有一份工作。"

正是有了妻子的支持，他才敢在当时放下稳定的工作，去创业，也才有了后来的成就。

这个故事在很多人身上都发生过，都是丈夫想要闯一番事业的时候有些顾虑，但是妻子义无反顾地支持，丈夫才有了后来的一番天地。

当你想论证"妻子是丈夫的命运""妻子是一个家的风水"之类的主题的时候，就可以把他们的故事用上。

（2）留意最新发生的事件

虽然我们判断素材的新旧，不是以其出现的时间长短为依据，而是以素材出现的次数来判断，出现次数多的素材偏旧，出现次数少的素材偏新。但是从另一个角度来说，最近发生的事之前写的人肯定少，这个素材肯定是比较新的。

所以，我们也可以从当下热播的影视剧、综艺、新闻事件、微博热搜来寻找写作素材。

（3）书中鲜为人知的情节

俗话说："有一千个读者，就有一千个哈姆雷特。"

其实，书中有许多的故事情节是大众不知道的。如果你自己看过这本书，情节是你自己提取出来的，别人没有写过，那也会是一个比较新的素材。

我曾经在看《海底捞你学不会》这本书时，对这个故事有所感悟：海底捞有个女职工想当经理，当时，海底捞的创始人要求小区经理必须能开车，没有驾照就不能当小区经理。路痴的女职工只能硬着头皮去考驾照。如果不是这个创始人一路鼓励她学习和进步，她现在不会用电脑，不会开车，顶多就是个在后厨洗碗的服务员。

随后，我就将这个故事提取出来作为我文章的素材，用来论证“逃离舒适区”的观点。

《低风险创业》这本书中曾提到，经常外出办事的人，常常会抱怨打车越来越难，所以有了滴滴出行和共享单车；在早晚高峰期上下班的人会抱怨从地铁口到单位的路程太远，经常迟到，所以有了“ofo”和“摩拜”；经常有人抱怨方便面不好吃，经常吃不健康，所以有了“美团”和“饿了么”。

当时我觉得这段话很有道理，于是后来，我就用这个素材论证“在抱怨中寻找机会”的观点。

这些都是鲜为人知的素材，因为内容是我自己提取的，角度也是我自己思考出来的，所以很大程度上就可以避免跟别人的文章的内容重复。

5.多维度运用素材的三个诀窍

写作最核心的要素就是素材，在这一部分，我会教大家如何从素材中提取出不同的角度。

接下来我就以下面这个素材为例，教大家如何用发散性思维，提炼出不同的观点。

素材案例：

杭州的李女士是一位馒头店的店主，她看到很多流浪汉都吃不上热乎饭，心里很不是滋味，于是决定办一个免费送“爱心馒头”的活动。为此，她每天不到凌晨三点就要起床和面，一直忙到晚上八点才能休息。

可很多人却毫不领情，说：“我不领馒头了，你直接把钱给我吧。”

李女士说：“对不起，我们只送馒头。”

大家却纷纷恶语相向：“你这人怎么这么死心眼呢？我不要馒头你还省了力气，直接把钱给我多好？你这馒头一点肉都没有，是不是看不起穷人，觉得我们只配吃这种馒头？你太缺德了”“人都是无利不起早，这店主肯定有问题”“她就是想出名，这种人我见多了”。

本是在寒冬中给他们送馒头的善良女人，没想到有这样的结局。四十四天后，店主不堪压力，在镜头面前抹泪大哭，最终选择关店。

素材到这里就结束了。我们可以怎样利用这个素材写一篇文章呢？

（1）从单个人物来看

这个馒头店的老板心地是善良的。她免费送馒头是出于好心，但最终没得到一个好的结果。

由此，我们可以得出“你的善良，应该带点锋芒”这个观点。我们也可以用不同的表达方式来表达这个观点，如“没有锋芒的善良，就是软弱”“不是所有人都值得你善良”“善良很贵，不要随意浪费”。

其实，免费送人馒头已经是一件很有爱心的事情了，他们还要求给钱，这其实有点得寸进尺了。所以，我们也可以从分寸感的角度来写，可以得出“人和人之间的相处，分寸感很重要”这个观点。我们也可以说“最高级的情商，是有分寸感”“远离没有分寸感的人”。

（2）从人物对话来看

我们来看“人都是无利不起早，这店主肯定有问题”和“她就是想出名，这种人我见多了”这两句话。

从这些对话中，我们可以发现，这些人一看拿不到钱，索性就给这个店主泼脏水，甚至大闹她的馒头店，这可以从侧面反映出这些人的人品有问题。于是我们可以得出“一个人值不值得交往，看他的人品最低处”“人品，永远第一”“人品不过关，其他都免谈”“人品，是最好的通行证”这类观点。

（3）从关键词来看

这个故事里提到了善良。我们也可以从“善良”这个关键词入手，得出相关的观点。

6.打造写作素材库的三个方法

我先跟大家说说常见的素材渠道，有公众号、知乎、微博、百度、抖音以及各类文章的评论区，这些都可以作为我们的素材来源。

那么，我们该如何利用这些渠道去搜索素材？

（1）变换关键词

有时候，我们找不到合适的素材，是因为我们的词汇量有限，以致能够搜到的素材也不多。

但如果我们能够变换关键词，把所有相关的词都找出来，这样我们搜索到的素材也会多很多。

我跟大家分享一个很实用的方法，就是用同义词和反义词去搜索素材。

举个例子，就拿“炫耀”这个词来说，一般我们能够联想到的近义词有张扬、招摇、摆架子、太把自己当回事，反义词有低调、谦逊、弯腰、放低自己、人低为王。

我们搜索近义词就可以找到同类事例，搜索反义词就可以找到反面事例。

（2）结合具体表现

有些主题具体的表现有很多，当你搜不到素材的时候，可以试着结合这些具体表现去搜索。

当主题是“得失”时，我们可以进一步想，是哪些方面的得失？我想到的有年终奖、单位分房子、仕途失意、没评上公司先进……

当主题是“发脾气”时，我们就可以想是和哪些人发脾气？我想到的有和父母、爱人、孩子、客户发脾气。

当主题是“低谷”时，我们可以想是什么低谷？遇到了哪些挫折？我想到的有做生意失败、被公司辞退、突然生重病……

这些具体情节能够帮助我们更加聚焦，找到更加具体的故事。

（3）罗列同类故事

有些比较旧的素材不适合用大篇幅去写，因为读者已经熟知了，但我们可以用故事罗列的方法，找出三个同类的故事，每个故事用简写的形式，写两三段即可。

例如，《红楼梦》中有一段写的是湘云说戏子和黛玉像，惹得黛玉不高兴；《三国演义》里的杨修频频道出曹操所想，引来杀身之祸；现实生活中有人因为说话没分寸，惹得朋友和家人不满。

这些例子读者都比较熟知，但它们讨论的都是同一个主题——说话要有分寸感。为了让读者能读下去，我们可以用罗列故事的形式，把每个故事进行简写，以此来论证这个主题。这样，即使素材老旧，但例子多就不会给人冗长的感觉。

第 4 节
完整成文：逻辑是关键，金句是亮点

金句是一篇文章的亮点，也是最能够体现文章文采的部分。

我曾经研究过我上稿小号和上稿“十点读书”的文章，其差距主要来自金句。

很多人之所以始终在小号徘徊，文章不能被大号录用，也是因为金句不够多。

我可以列举一下我上稿小号和上稿大号的文章，让大家做个对比：

越是聪明的人，越是愿意下笨功夫。他们做必要的步骤，走必经的流程，耐着性子一遍遍打磨自己的作品。在除掉了杂质，磨去了残缺之后，终能得到一个尽善尽美的作品。那些不愿意下笨功夫的人，看似很快完成了任务，但难免会因为贪图快而有所疏忽，作品终究经受不了时光的检验。

其实，所有关系变淡的原因，是一个不说，一个不问；一个问得尴尬，一个答得敷衍。最终，从无话不说变成了无话可说。而从无话不说到无话可说之间，又隔了太多的欲言又止。最好的感情，就是有个聊得来的伴。永远不嫌你话多，念你冷暖，知你悲欢。

大家可以对比一下这两部分的内容，就会发现第一段中的金句明显比第二段的多很多。

所以，大家想要上稿大号的话，一定要提升写金句的能力。

1. 制造金句的五个方法

（1）与反义词形成对比

对比句式一般都是通过一个词与它的反义词来构成的，给大家举几个例子：

例一：你选择内心强大，它自会和颜悦色；你选择脆弱不堪，它只会针锋相对。

这里的“内心强大”跟“脆弱不堪”就是一对反义词，“和颜悦色”和“针峰相对”也是如此。

例二：友不在多，贵在肝胆相照；情不在久，重在赤心相待。

这里的“肝胆相照”和“赤心相待”是近义词。

（2）善用成语提升文采

成语本身就能够提升文章的文采，所以在写金句的时候，我们也可以尽量多用一些成语。

很多文章都会用到大量的成语，比如这两句：

例一：最好的关系，是留有余地，而不是对对方的生活指手画脚。

这里就用到了成语“留有余地”和“指手画脚”。

例二：当初，你觉得朋友帮你理所当然；如今，就要接受自己的勉为其难。

这里用到了成语“理所当然”和“勉为其难”。

（3）巧用比喻凸显内涵

运用比喻会显得更加生动形象，能够凸显文章的文采。例如：

例一：做人应如莲藕，处处留心眼，才能安稳度一生。

这里的"做人如莲藕"就用到了比喻，将人的心眼比喻成莲藕的孔隙，生动形象。

例二：人到中年，自己就是那个屋檐。风要自己遮，雨要自己挡，安全感要自己给。

这句是将人要自己给自己安全感，比喻成屋檐为自己遮风挡雨，这个画面立刻就会浮现在读者的脑海中。

（4）提取意境

我们也可以通过仿写别人文章里的金句来制造金句。需要特别注意的是，我这里说的是仿写，而不是抄袭或照搬。

我们来看一下我曾仿写过的例子。

我曾经读到过一篇文章，里面的原话是：

时间是最好的疗伤药，日子久了，你会慢慢地放下它，直到有一天，当你脑海里闪过它的身影时，你会发现内心已是波澜不惊，竟没有一丝一毫的触动。

我的仿写：

时间是最好的解药，你会渐渐忘掉过往的忧愁，重新开始自

己的生活，而当初那些好似惊涛骇浪的往事，如今也会变得波澜不惊。

想要仿写就要提取这段话的意境，首先要理解作者所描述出来的那个场景是什么样的，然后按照自己的这个场景去创作。

（5）提取关键词

如果你觉得这个说法不错或者某个词不错，那你就可以把它拿来放在你的句子里。

比如，我曾读到过一句话，它是这样写的："友情和爱情一样，都具有排他性，如果你的好朋友不止我一个，那我也不会把你当作我最好的朋友。"

我觉得"排他性"这个词用得非常精准，就提取出这个关键词，把它用在自己的文字中："感情是有排他性的。我们总希望，自己会是对方不可替代的唯一。"

2. 常见金句句式分享

我们可以把平时看到的一些金句的句式记录下来，在之后进行套用。

像这句"运动和不运动，过的是不一样的人生"，我们可以提取出"XXX 和不 XXX，过的是不一样的人生"这个句式。在"XXX"这部分，我们可以放其他的词进去，比如，读书和不读书，过的是不一样的人生；自律和不自律，过的是不一样的人生；努力和不努力，过的是不一样的人生。

通过对句式的套用，我们就可以写出足够多的金句。

我整理了一些常见的金句句式，分享给大家。

句式一：与其 XXX，不如 XXX

举例：与其生气，不如争气。

句式二：XXX 多一点，XXX 就会少一点

举例：有时候，你多考虑一点，别人就会少为难一点；你多体谅一点，别人就会少尴尬一点。

句式三：XXX，让自己 XXX；XXX，让别人 XXX

举例：活着，让自己高兴；做人，让别人舒服。

句式四：所有 XXX，无非是 XXX

举例：所有经得起推敲的感情，无非是感情里的那个人经得起考验。

句式五：没有 XXX，只有 XXX

举例：没有天生强大的人，只有执着不放弃的自己。

句式六：不是 XXX，而是 XXX

举例：生活的快乐，从来不是因为拥有得多，而是因为比较得少。

句式七：愿我们都能 XXX

举例：愿我们都能心存善念，走正路，行正道。

句式八：表面看似 XXX，内心早已是 XXX

举例：表面看似风轻云淡，内心早已是波涛汹涌。

句式九：即使不能 XXX，但却可以 XXX

举例：即便沉默不能解决问题，但却可以缓解问题。

句式十：一个人的 XXX 是有限的，XXX 做减法，XXX 才能做加法

举例：一个人的光和热是有限的，社交做减法，生活才能做加法。

3.实战演示：从零到一写金句

很多人刚开始学写作的时候，会以为摘抄是提升写作能力的绝佳方法。

一开始，我也是这么觉得的，我会在笔记本上密密麻麻地抄很多金句。可结果这些金句未必跟自己的文章主题相关，摘抄了这么多却未必能够用上。即使能够用上了，本子里密密麻麻的句子有很多，找起来也很费劲。

后来我发现，这些金句都是有迹可循的。它们看似让人眼前一亮，其实背后也有一定的逻辑和技巧。

都说，授人以鱼，不如授人以渔。在这一部分，我会跟大家分享写金句的五个步骤。相信掌握了这些内容，你也可以写出高质量的金句，再也不用动手摘抄了。

首先，可以把你觉得有文采的句子记录下来。然后，梳理一下这个句子讲了一件什么事情，或者想象一下这个句子描绘了一个什么画面。接着，用自己的语言把这件事情讲清楚，或者把这个画面描述出来。最后，将写完的句子通读一遍，检查语句是否顺畅，如果不顺畅，进行再次修改。

现在，我们来实战演练一下，看看一个金句到底是怎样诞生的。

第一步，把你觉得有文采的内容记录下来。以下文为例：

终于，通讯录里那个电话再也没有响起过，我现在甚至不知道，这个电话号码拨过去是否还打得通。成年人的告别仪式很简单，你没有回复我的最后一条消息，我也很默契地没有再发。我们就这样，默默地消失在彼此的生活里，只剩下聊天记录，承载着那旧日的时光。

第二步，梳理一下这段话讲了一件什么事情，或者想象一下描绘了一个什么画面。这段话讲了这样一件事情：双方再也没有打电话和发消息。

第三步，用自己的语言把这件事情讲清楚，或者把这个画面描述出来。

成年人的告别总是悄无声息的。渐渐地，我们不再互拨电话，不再互发消息。我们就这样静静地，躺在彼此的通讯录里。

第四步，将写完的句子通读一遍，检查语句是否顺畅。如果不顺畅，进行再次修改。最终的文字是这样的：

成年人的告别总是悄无声息的。渐渐地，我们不再互拨电话，不再互发消息。我们就这样静静地，躺在彼此的通讯录里。

我把这段话读完之后，发现没有语病，语句通顺，所以就不需要修改。

第四章

写作也能七十二变：变着花样写文章

第1节
变着花样挖掘灵感

同样一条鱼，在厨师手中可以清蒸、红烧、水煮、煎炸、煲汤。同样的食材，不同的做法，就可以呈现出不同的菜品。写作也一样，同样一个主题，不同的解读方式，就会呈现出不同的文章。

在这一章节里，我会教大家如何打通写作的任督二脉，变着花样写文章。这一章的内容包括了挖掘写作灵感的七种方法，打开思维的四种方法，以及灵活运用文章的两个技巧。

相同的选题，我们可以寻找不同的解读方式；相同的素材，我们可以实现不同的运用方法；不同的文章，我们可以做到灵活变通。

相信看完这一章的内容，你便能够解决灵感难找，无法下笔的困境；突破观点单一，深度不够的阻碍；攻克思维局限，不懂延伸的难题。

1. 同一主题换个说法

有些文章的主题虽然说法不一样，但表达的意思都是相同的。我们可以把一个相同的意思换个不同的说法，这样可以衍生出不同的选题。

我在这里给大家举几个例子，帮助大家理解和掌握。

例一：

选题一：别把对你好的人弄丢了

选题二：别辜负了对你好的人

选题三：别冷落了心里有你的人

选题四：别让对你好的人寒了心

这几句的意思基本接近，都是告诉大家要珍惜对你好的人，不要辜负了别人的真心。但说法不同，就能成为不同的选题。

例二：

选题一：真正聪明的人，都懂得关注自己的嘴巴

选题二：成年人最大的自律，是学会闭嘴

选题三：能沉默的时候，别多嘴

选题四：守口如瓶，是一个人最大的修行

这些选题都是告诉大家要管好自己的嘴，在一些情况下要保

持沉默，但换了个说法，就是不同的选题。

例三：

选题一：好好说话的人，一开口就赢了

选题二：所谓高情商，就是会说话

选题三：一个人说话的方式，决定他一生的运势

选题四：好命不好命，开口就知道

这些都是告诉大家说话方式的重要性，但通过换个说法，就能够衍生出不同的选题。

2.调性一致的不同词汇

有些选题虽然用到的词不一样，但整体的调性都是一样的。

例如，降低期待、减少抱怨、看淡得失，这些词有一个共同特点，就是调性一致，都在强调削弱的重要性，但换了个词汇就是一个新的选题。

当我们看到一个选题的时候，可以先判断一下语句中词汇的调性，然后再考虑使用相同调性下的其他词汇，就可以得到一篇新的文章。

3.两个关键词，保留其中一个关键词，替换另一个关键词

“五个细节告诉你，身边的人谁最靠谱”这个主题中有两个关键词——“细节”和“靠谱”，即通过细节来判断一个人靠不靠谱。

我们可以把“细节”和“靠谱”这两个关键词替换掉一个，比如，把“靠谱”改成“人品”，可以得到这样一个选题：男人的人品，藏在这三个细节里。

我们在读文章的时候，可以有意识地把文章的关键词提取出来，通过替换一个关键词的方式，就能轻松得到一个新的选题。

4.同一事件换个人物

我们可以把事件中的人物对换，比如说，把故事中的主角从别人换成自己，或者从自己换成别人。这样也能够实现多维度找选题。

给大家举几个例子。

例一：

选题一：不随意评价别人，是一种修养

主角是自己，自己不要评价别人，评价的这个行为是自己发出的。

选题二：不活在别人的评价里，是一种修行

主角是别人，别人评价我们，评价的这个行为是别人发出的。

例二：

选题一：世上最大的误解，是给父母贴标签

主角是自己，自己误解父母。

选题二：这是我第一千次被你误解

主角是别人，别人误解我们。

例三：

选题一：人这一生，最大的贵人，其实是你自己

主角是自己，你是自己的贵人。

选题二：离你最近的这三个人，是你一辈子的贵人

主角是别人，别人是你的贵人。

5.同一类型换个表现形式

就像哺乳类动物分为虎、狼、兔、狗等不同的品种，同一个文章类型下也会有不同的表现形式。我们可以用“同一类型换个表现”的方法，来寻找不同的选题。

比如，同样都是保持沉默，其表现形式有很多种，可以有不评价、不争辩、不解释。

我们就可以由此得出相关的选题：永远不要轻易评价一个人；永远不要和不同层次的人争辩；做好自己，别解释。

再举个例子。同样是高情商，其表现形式可以是替别人着想、听人把话说完、懂得边界感。

我们就可以由此得出相关的选题：真正的高情商，是替别人着想；最难得的高情商，是听人把话说完；所谓高情商，是懂得边界感。

6.唱反调

俗话说：“千人千面。”在不涉及原则性问题和大是大非的前

提下，对于同样一件事，你可以这样理解，也可以那样理解；你可以支持，也可以反对。

也就是说，我们可以写两个对立的选题，也可以写两个截然相反的选题。只要你能够自圆其说，把这当中的逻辑关系讲清楚就可以了。

比如，“做人，该翻脸就翻脸”和“看清一个人，用不着翻脸”这两个就是截然相反的观点。前者是支持“翻脸”，后者是反对“翻脸”。

但是没关系，这两种观点都可以写，只要能够自圆其说就行。

“做人，该翻脸就翻脸”的本意是，遇到一些不友好的人，你越是退让，他越会得寸进尺，所以，该翻脸就翻脸。“看清一个人，用不着翻脸”的本意是，没必要和别人纠缠，因为这样只会浪费自己的时间和心情。所以，看清一个人之后，用不着翻脸，默默远离就好。

我们再来看一个例子。“懂得麻烦别人，才是最高级别的情商”和“成年人的处世哲学：不随意给人添麻烦”这两个也是截然相反的观点。前者是支持“麻烦别人”，而后者是反对“麻烦别人”。

“懂得麻烦别人，才是最高级别的情商”的本意是，在你遇到一些超出能力范围的事情的时候，不要一味地逞强，要学会向别人求助，“麻烦”别人。“成年人的处世哲学：不随意给人添麻烦”的本意是，对于一些你力所能及的事情要自己去完成，不要给别人添麻烦。

这两个观点都可以写出精彩的文章，只要你能给出合理的解释和例证就可以。

7. 关键词延伸

我们可以利用发散性思维，通过一个关键词延伸出多个写作灵感。

虽然关键词只是一个词，但它能够得出的选题特别多。我就拿比较典型的“钱”这个关键词来给大家举例，这个关键词至少有以下四种写法：

（1）对一个人的影响

我们可以讲讲钱对一个人的影响，比如说，钱是一个人的底气、安全感、筹码等等。

如果我们将“钱，是一个女人最大的底气”作为文章的主题，可以这样展开来写：

第一点：生活中大多“烂摊子”，都是一本“经济账”

第二点：钱不是“万金油”，却可以治好“选择恐惧症”

第三点：与钱相匹配的“自主力”，是一个女人最大的底气

这里用的是递进结构，先写没钱的坏处，即生活中的很多不如意，都是因为没钱；然后写有钱的好处，即钱可以治好选择恐惧症；最后写钱对一个人的作用，即钱是一个女人最大的底气。

（2）对两个人的影响

两个人之间会有某种关系或产生某种情感，我们可以写钱对人际关系或人与人之间的感情的影响。比如“谈钱，是检验感情的最好标准”这个选题的结构可以这样列：

第一点：金钱，是检验感情的试金石

第二点：谈钱不一定伤感情，但一定见人品

第三点：谈钱的时候，别跟我谈感情

第四点：好的关系，一定要谈钱

在这个结构中，我们先说钱对感情的作用，即钱是感情的试金石。然后进一步说，通过钱可以看出一个人的人品。然后表明自己的态度，谈钱的时候别谈感情。最后进行总结，好的关系一定要谈钱。

（3）相关的行为

钱是一个名词，我们可以将其延伸到相关的动作，比如赚钱、挣钱。由此，我们可以得到“请置顶你的赚钱能力”这个选题。全文大纲这样写：

第一点：多赚钱，能解决很多问题

第二点：挣钱，是挖掘人生潜能的过程

第三点：赚钱能力强的人，具备成长型思维

第四点：置顶你的赚钱能力

前三点都是讲赚钱的好处，最后一点进行总结。

（4）和其他关键词结合

和其他关键词结合就是不仅仅要讲赚钱这件事，而是把赚钱和其他事结合起来。比方说，放下面子赚钱（和放下面子结合），早点睡才能多赚钱（和早点睡结合）。

《没事早点睡，有空多挣钱》这篇文章的结构是这样的：

第一点：早睡，能解决绝大多数的问题

第二点：赚钱，能治愈一切矫情

第三点：好好生活，是一个人最大的修行

第四点：没事早点睡，有空多挣钱

第一点讲早睡，第二点讲赚钱，第三点进行总结，把早睡和赚钱概括成好好生活，第四点再次呼应主题。

写作灵感匮乏是许多写作新手都会面临的难题。明明在电脑面前坐了很久，却始终敲不出几个字来。

其实，只要我们学会了方法，很多看似复杂的难题便可一一迎刃而解。

当你把本节中的变换说法、替换关键词、替换人物、变换表现形式等方法运用起来，便不必再为写作灵感而发愁。

找到了写作灵感之后，我们就可以开始进行下一步——写文章。

第 2 节
打开思维写文章

相信大家听过苏轼的这句名言："横看成岭侧成峰，远近高低各不同。"

同一个事物，从不同的角度，可以有不同的呈现方式。同一篇文章，从不同的思维，也可以有不同的解读方式。

在这一节中，我会详细和大家说说如何打开思维写文章。

1. 一个素材得出多个选题

我曾在微博上刷到过一条热搜，写的是在综艺节目《婆婆和妈妈》中，有一位演员到朋友家做客，在饭桌上，朋友和婆婆之间闹了三次矛盾，但都被这个演员出手化解，并且还逗得婆婆眉开眼笑，不禁让人佩服这个女人的情商和口才。

从这个素材我们就可以得出好几个选题，比如“高情商的女人，都这样说话”“三件事，看出你情商高低”“好好说话的人，一开口就赢了”“你的嘴，就是你的风水”“真正的高情商，是不动声色地替人解围”。

只要善于运用你的发散性思维，从多角度去思考，你就能得到多个选题。

2.同一选题有多种解读方式

对于这个选题“人到中年才明白：‘薄情’的人生，才是最高明的活法”，我们可以这样解读：

解读一：你对别人太好，别人反而会不珍惜你；

解读二：人生的常态本就是渐行渐远，所以你不要高估关系，有太高的期待，投入太多，要薄情一点；

解读三：善良没有锋芒就是软弱，所以要薄情一点；

解读四：易热的关系也易冷，所以要细水长流，慢慢建立感情，不要一上来就对别人太好，所以冷淡一点的关系最好。

3.一个解读方式有多种写法

同样一件事情，不同的人有不同的看法，同样一个选题，不同的人也有不同的解读方式。比如，同样是写这个选题“做人，‘养生’不如‘养心’”，可以有以下两种写法：

写法一：

第一点：收起猜忌心

第二点：告别玻璃心

第三点：修得清净心

第四点：做人，“养生”不如“养心”

写法二：

第一点：苦时，养一颗欢喜心

第二点：忙时，养一颗清净心

第三点：急时，养一颗从容心

第四点：难时，养一颗抗挫心

第五点：做人，“养生”不如“养心”

大家会发现，这两篇文章的选题一模一样，但是大纲是完全不同的。第一篇文章只是单纯围绕着“心”来写，第二篇文章结合了时间和情境，告诉大家，不同的情况下应该有一颗怎样的心。

4.找共性

找共性其实就是寻找同一个事物所具有的特征，或者不同事物之间的共同点，通过这些共性来串联起文章。

例如，以下这些文章同样是写水，但是却是不同的写法。

写法一：《水的境界（太透彻了！）》

第一点：水，包容接纳

第二点：水，以柔克刚

第三点：水，能屈能伸

第四点：总结

这篇文章写的是水的不同特点，此处的共性就是都是围绕“水”来写。

写法二：《三思人生：如水 如酒 如茶》

第一点：如水生活，温控是关键

第二点：酒酿生活，小酌才能怡情

第三点：茶品生活，因为滚烫所以清香

第四点：总结

这篇文章也是与水相关，但是它是围绕着水、酒、茶这三个物体来展开，其共性是水、酒、茶都是液体。

写法三：《三个比喻，说透人生》

第一点：人生如水

第二点：人生如月

第三点：人生如棋

第四点：总结

这篇也是与水相关，它的共性是每个点都是人生的一种比喻，而水恰好是其中的一种比喻。

所以说，同样是写水，这三篇是完全不同的文章。只要你能够找出一个共性，写出相同共性下的不同表现方式，就能够写出一篇有深度的文章。

第3节
灵活运用文章

新手刚开始写作时，往往会有一个问题，那就是思维太过局限。他们往往在写一篇文章时只能想到一个点，不会从多角度去延伸，也不会从多维度去拓展。

在这一部分，我会教大家如何灵活变通地写文章。

1.旧选题做小标题

此处说的小标题其实就是文章大纲中所列的点。每篇文章都有一个核心的选题，还会有几个小标题来概括每一部分的核心思想。

一些比较老旧的选题，比如“不将就”“靠自己”“势均力敌”“好好说话”这一类的选题如果拿去投稿，公众号基本都不会收。

但是我们可以把它们当作文章的小标题，也就是大主题下的一个小标题，或者大类别下的一个小情况。

2.热点事件当寻常素材

热点事件对文章的时效性要求是比较高的，一般来说需要在热点事件发生的三天之内就完整成文，因为如果超过了这个时间，事件的热度就过了，而且读者已经在这段时间看过了大量关于这个事件的文章，产生视觉疲劳了，对相关的话题就不再感兴趣。

而新手的写作速度往往比较慢，完整成文往往需要超过三天的时间，这也会导致投稿投不出去。

不过没关系，这并不意味着这个素材就不能用了，我们依旧可以把它作为一个寻常的素材放在文章里，来论证选题或者小标题。

第五章

实战推演：爆文写作思路大揭秘

第1节 我的第一篇“10万+”爆文是如何产生的

1. 在写出“10万+”爆文之前，我做了哪些功课

（1）研究平台近期发布的文章

想要上稿某个平台，就要去了解它的风格和喜好。研究平台近期发布的文章，就是一个最好的方式。

看近期文章主要有两个目的，一是为了避开类似的选题，二是为了抓准平台趋势。

很多作者看到平台发布了一个选题后，自己也去写这个选题，以为这样就能提升上稿的概率，其实恰恰相反。

一般来说，为了避免读者视觉疲劳，平台短期内不会发布类似的选题。所以，大家一定要避开平台近三个月内发布的选题！

接下来，我来说说如何抓准平台趋势。

举个例子，如果我们看到一个选题写的是“好好说话，你就赢了”，我们可以先分析关键短语“好好说话”是属于哪个领域，显然是属于情商领域。那我们可以接着想，情商领域还有哪些具体表现，比方说，给人台阶下也是高情商的表现，那我们就可以得出一个新的选题：给人台阶下，是一个人的顶级智慧。

也就是说，我们可以把好好说话放大到情商领域，然后再寻找情商领域的具体表现形式——给人台阶下。

（2）研究数据做分析

公众号平台的编辑老师之所以能够精准判断文章，是因为他们能够看到后台的数据。哪些文章数据好，他们就会多发同类的选题。

而我们普通作者常常因为缺乏对文章的判断力，写了数据不佳的选题，最终导致投稿碰壁。

如果你能够通过数据来判断文章的好坏，那你的文章上稿率也能大大提高。

我给大家分享数据分析的两个方法，掌握这两个方法之后，即使你看不到后台数据，也能够做出精准判断。

①对比不同日期、相同位置的文章

一些比较大的平台每天都会发布多篇文章，比方说，“十点读书”和“洞见”每天会发布八篇文章，“樊登读书”每天会发布四到五篇文章。

我们可以将不同日期、相同位置的文章进行对比。比如，同样是发布在第三条位置的文章，我们将前天、昨天和今天的文章进行对比，看它们的阅读量和点赞量。阅读量和点赞量越高的文章，越值得我们参考和学习。

②对比相同日期、不同位置的文章

一般来说，位置越靠前的文章越醒目，越容易获得读者的注意，数据会越好。反之，位置越靠后的文章数据会越差。

但如果出现了正好相反的情况，位置靠后的文章反而比位置靠前的文章数据好，那就说明位置靠后的选题更受读者的欢迎，值得我们去拆解和学习。

（3）高频文章找特点

我们可以总结近期发布的文章的规律和特点，看看哪类文章最近出现得特别频繁，就说明这类文章近期受平台欢迎，我们就可以从这一类选题进行切入。

举个例子,《人生的三把戒尺：自知、自省、自律》《人生最高境界：看得开、想得通、咽得下》《做人，别忘恩，别失信，别伤人》这三篇是某个时间段集中发布的文章。

这些文章有个特点,标题里都罗列出了对应主题的三种情况,并且表述都很对称。

如果你想写类似的选题，就可以有针对性地在文章中罗列三种情况，并且表述对称。

2.“10 万 +”爆文写作思路揭晓

“10 万 +”爆文是不少写作者的梦想，对于写作者来说，这是对写作能力的认可，也是写作里程碑的标志。

一般来说，阅读量达到“10 万 +”的文章通常会被各大平台转载，极大地增强了文章的曝光度和作者的知名度，对作者打造个人品牌，建立个人影响力，都有极大的帮助。

相信不少作者都对爆文的写法很感兴趣。在这五年多的写作过程中，我已经写了上百篇“10 万 +”爆文。

我的第一篇“10 万 +”爆文，是在 2018 年 8 月在“十点读书”上发布的。

现在我就和大家拆解一下，我的第一篇“10 万 +”爆文背后的逻辑和思路。

（1）标题

我这篇文章的标题是“八分饱，是人生最好的状态”。

我这篇文章的本意是想说凡事要掌握一个度，过犹不及。但“凡事有度”“物极必反”“要有分寸感”这一类文章写的人很多，所以标题中用的关键词都相近，想要脱颖而出，我就要想出一个新颖的关键词。

后来我联想到了我们平常经常说的“吃饭八分饱”，于是我就在标题里引入了“八分饱”这个词，这个标题一下子就新颖了很多。

因而，我们在写常规选题的时候，要尽量避开已有的常见说法，去寻找与众不同的表达方式。

（2）大纲采用并列式结构

这篇文章的大纲是：

第一点：八分饱的事业，刚刚好

第二点：八分饱的婚姻，相处更融洽

第三点：八分饱的关心，是最好的育儿理念

这篇文章采用的是并列式结构，分别从事业、婚姻、育儿三个方向来阐述“八分饱”。

如果要探究这个结构背后的逻辑，也是有迹可循的。八分饱的事业，是对自己而言的；八分饱的婚姻，是对伴侣而言的；八分饱的育儿，是对孩子而言的。

小秘诀：并列式大纲的其中一种写法，就是把一个观点对应到不同的领域。

（3）素材

在这篇文章里的第一部分中，我运用的素材是一个朋友在怀孕时拼命工作，每天只睡几个小时。结果因为身体缺乏营养，导致孩子先天性发育不良，最后被诊断为智力障碍，论证了“八分饱的事业，刚刚好”这个观点，让大家在职场中披荆斩棘的同时，也要注意休息调整，积蓄能量。

对于素材而言，我们一般是通过结果来打动读者的。在这个素材中，主人公因为缺乏休息，而导致了孩子发育先天性不良，对读者会有警示的作用。

第二部分，我运用的素材是邻居小彤把丈夫刘帆看得太紧，经常打电话了解丈夫的行踪，让丈夫觉得很有负担。论证了“八分饱的婚姻，相处更融洽”这个观点，让大家在享受婚姻的同时，留有一定的空间给彼此独处。

这部分素材通过“丈夫觉得婚姻有负担”这样的负面结果，来让人意识到婚姻中留有空间的重要性，从而强化主题“八分饱的婚姻，相处更融洽”。

第三部分，我运用的素材是，有位妈妈为了让孩子有更多时间可以刷题和看书，就帮她完成演讲报告、手抄报、错题本等作业，这看似是关心，但也让孩子失去了许多能力。我还用了另一个素材——另一位妈妈从小要求她的孩子做家务，十几岁的孩子在妈妈的高压政策下，已经学会了焖饭、煮粥和凉拌菜，来论证“八分饱的关心，是最好的育儿理念”这个观点，让大家在关心孩子的同时，也留一些空间让孩子自己去成长。

这部分用到了一正一反两个素材，通过两个素材的对比，来强化主题“八分饱的关心，是最好的育儿理念”。

一般来说，一篇文章不要全用负面素材，否则会让读者看完之后，心中充满负面情绪。

在这篇文章里，因为我前两部分用的是“朋友的孩子发育先天性不足”和“小彤把丈夫看得太紧，让丈夫很有负担”，都属于负面素材，所以在第三部分，当我还想用“有位妈妈帮儿子做作业，导致儿子失去许多能力”这个负面素材的时候，就加了一个“另一位妈妈让儿子做家务”这个正面素材作为补充。

（4）结尾的写法

结尾有个常见的写法，就是对文章的前三部分进行总结。就像我这篇文章里写的：

十分饱的人生太满，八分饱的人生恰到好处。

八分饱的事业，既保持上进之心，又让自己适当地休息，劳逸结合。

八分饱的婚姻，既比翼双飞，又有独处的空间，恩爱之余却又不失自我。

八分饱的育儿，既参与了孩子的成长，又历练了孩子的能力。

八分饱的人生，不是得过且过，也不是不思上进，而是明白凡事皆有度，过则无益。

这就是针对小标题的三种情况进行了总结。

对于并列式的大纲来说，总结前面的三种情况是结尾比较常见的一种写法。大家如果不知道怎么写结尾，也可以把这个方法用起来。

3. 从零到一写出“10 万 +”爆文，只因为我做对了这四件事

（1）研究读者心理，制造爆款选题

写作的大方向其实主要有两个——以理服人和以情感人。只要把这两个掌握好了，想要写好文章就不难。

以理服人是观点文的主要写法，即提出一个观点，然后以一系列的故事和结论去论述这个观点。做到逻辑合理，自圆其说即可。

像“做人，别太把自己当回事”“人没格局，比没钱更可怕”“人这一生，别活得太‘较劲’”这几个选题，都是在表达对人和事的态度和看法。当你把这当中的逻辑关系讲清楚了，被读者认可和接受了，也能够促进读者的转发，从而提升文章的阅读量。

以情感人就是说出了读者的心声。要么是用读者无法精准使用的语言表达了感情，要么是说出了读者想说而不敢说的心里话。这一类文章以引起情感共鸣为主。

《人情如纸薄，世事如棋新》是我在去年写的一篇文章，当时上稿“洞见”头条，拿到了一千六百元的稿费。

这篇文章就是讲述了生命中的朋友来来往往，有些当初的挚友到最后也形同陌路。抒发了“你要习惯任何人的忽冷忽热，也要看淡任何人的渐行渐远。做好自己，亲疏随缘”的感受。

因为很多人都有类似的经历，也都有关于朋友渐行渐远的不舍和难过。所以这篇文章很能引起他们的共鸣，当时也获得了不错的阅读量。

（2）引用名人事例，弥补阅历的不足

刚开始写作的时候，我还在读大学。因为人生阅历不足，没有太多的个人故事可以作为写作素材。

那段时间，我也一直在找可行的办法。后来，我转念一想，既然自己的故事用不了，我为什么不引用名人事例呢？一方面，名人事例具有名人效应，会更有说服力；另一方面，名人见多识广，阅历也丰富，可以在很大程度上，弥补我们个人阅历不足的短板。

当你想要写励志类文章时，可以挖掘名人一路成长的故事；当你想要写情感类文章时，可以寻找名人夫妻相处的故事；当你想要写认知类文章时，可以搜集名人格局大的故事。

有了名人事例作为补充，我们的文章内容也会丰富很多。

（3）引用名人名言，提升文章文采

有时候，我们因为文笔不足，很难写出足够优美的句子。这时候，我们就可以通过引用名言来给文章添彩。

一方面，名人名言是出自名人之口，具有名人效应，会更有说服力；另一方面，名人的文化素养较高，他们的言论都很有文采，能够给文章加分。

给大家推荐一个应用软件“名言通”，里面有很多名人名言，只要搜索关键词，就能找到相关的名言，十分方便。

（4）多看评论，培养逻辑感

很多时候，我们的发散性思维不够高，看待事物的角度过于单一，无法提出多角度的看法。

想要培养发散性思维，有个很好的办法，就是多看评论，培养逻辑感。

比如，在关于“善良”的话题中，有的网友讲述了自己经常光顾楼下水果店，却反而被坑的故事，有的网友讲述了自己好心资助贫困学生，对方却恩将仇报的故事，也有网友表达了诸如“我从未决定不再善良，只是决定不再对谁都善良”“老虎的善良才是善良，绵羊的善良只是软弱”“对你好是想你用同样的方式对我，而不是让你觉得你很牛”的观点。

在文章下面的评论、微博下面的评论、知乎下面的回答里，我们可以看到很多不同的看法，听到不同的声音，了解同一件事的不同角度。因为千人千面，每个人的看法都不同，所以多了解他人的看法能够极大拓展我们的思维和逻辑。

第2节
我的单篇一千六百元稿费的文章是如何产生的

在过去的五年里，我已经写过上百篇文章了。

从文章被众多平台拒稿，到写出爆文，再到被人民日报、新华社转载，我走过不少弯路，也积累了一些经验。

在这一部分，我想和大家分享一下我拿到单篇一千六百元稿费的方法，也祝大家都能够在写作道路上如愿以偿。

1. 多取几个备选标题

编辑老师是否录用你的文章，在很大程度上取决于文章的标题。因为文章的标题在很大程度上决定了文章的阅读量和点击率。

即使你的文章的内容写得一般，但是如果文章的标题够出彩，能够吸引读者的兴趣，总体来说，上稿的概率还是很大的。

所以，在投稿的时候，可以尽量多写几个备选标题。

一方面是给编辑老师多一些选择，另一方面是给自己多一些回旋的余地。当你的文章标题不被编辑认可的时候，备选标题可能会为你赢来上稿的机会。

2.故事中的人物一般不要超过三个

在快速阅读的时代，我们要尽量注重读者的感受，考虑读者的体验。

一般来说，故事中的人物不要超过三个。因为一旦超过了三个之后，读者可能就会有些眼花缭乱了。看到最后，就不知道谁是谁了。

所以，在故事情节中，不必要的人物要尽量少出现。

3.大纲不要全都围绕同一个关键词

想要文章上稿，文章的层次很重要，特别是大号，文章的深度和层次更重要。

你的逻辑需要层层拔高，观点需要层层深入。

有个特别需要注意的地方是，不要所有的观点都围绕同一个关键词来写。

假设你这篇文章是讲低谷的，大纲里的四个小标题不要全都出现“低谷”这个词。我们完全可以换个说法，比如逆境、挫折、失意……尽量用一些同义词进行替换。

4.文章的金句要加粗

很多人不知道这一点，这是非常可惜的。

一般来说，金句是文章中最有文采的句子。这是你文章的加分项，所以要把它加粗，让编辑在审稿的时候一眼就能够看到。

因为编辑每天都需要审大量的稿件，在审稿的时候，一般都是快速浏览，不会太仔细地逐词逐句去看。

所以你要把文章里的金句加粗，让编辑第一眼就能够看到，以此来为你的文章加分。

第3节
我是如何指导学员写出爆文的

在过去两年多的时间里，我已经指导了超过五百名学员实现写作变现。

事实证明，我的经验和方法是可复制的。不少学员从零基础开始，和我学会了写作，实现了上稿。相信他们的成长之路，对正在学习写作的你，也会有一定的借鉴意义。

在这一部分，我会和大家分享我指导学员从零到一写出爆文的全过程。

我常说，文章背后的思路和探讨，会比文章本身更有意义。

单纯发上稿的文章，对大家的帮助不是很大。打磨文章的过程和撰写文章的思路，对大家更有借鉴意义。

我辅导的很多学员都写出了“10 万 +”爆文，其中不乏零基础的小白，像胡一一，从未写过观点文的她，跟着我打磨出了不少篇爆文。

接下来，我就以胡一一上稿“十点读书”头条的文章《成年人处世潜规则：能沉默的时候，别多嘴》为例，和大家分析一下，这篇文章背后的思路。

1. 选题

在写这篇文章之前，我让胡一一罗列了一百个选题出来，我在这些选题当中，挑选出合适的选题，让她写文章。

在她列出的选题中，我选取了“成年人处世原则：能沉默的时候，别多嘴”这个选题，让她进行写作。

“沉默”这个选题在过去被写得比较多了，于是我让她用“旧选题换个新说法”这个方法换成别的词。

后来这篇文章的标题是“成年人处世潜规则：能沉默的时候，别多嘴”，“潜规则”这个词会使得选题更具吸引力。

小秘诀：像“潜规则”“扎心真相”这一类的词都是比较吸引人的，放在选题上，能够加分。

2. 大纲

因为“沉默”的这个选题已经比较旧了，所以我提醒胡一一，列大纲时要尽量新颖，避开以往常见的内容，力求在句式和说法上推陈出新。

这是胡一一当时列的大纲：

第一点：不了解事情的时候，别多嘴

第二点：别人难堪的时候，别多嘴

第三点：涉及别人隐私的时候，别多嘴

第四点：情绪激动的时候，别多嘴

第五点：意见分歧的时候，别多嘴

第六点：与你无关的事，别多嘴

第七点：刨根问底的事，别多嘴

第八点：学会闭嘴，是最高级的修养

一般来说，我们的大纲有三个分论点即可。胡一一在这里多列了一些备选，供我选择。

看完她的大纲，我提出了几个建议：

建议一：大纲的思路是对的，用并列式的结构列出“别多嘴”的具体情景。但是，后半句全都写“别多嘴”，就会显得比较单一。

建议二：情绪激动的时候，应该是别冲动，而不是别多嘴。

建议三：刨根问底本身就有点多嘴的意思，和多嘴放在一起，有些重复了。

建议四："不了解的事情""与你无关的事"这些说法都太泛了，不够具体。

在这版大纲的基础上，我帮她修改了一版大纲，内容如下：

第一点：每个人的认知层次不同，别争辩

第二点：每个人都无法感同身受，别解释

第三点：每个人都有难言之隐，别拆穿

第四点：能沉默的时候，别多嘴

改完之后的大纲，和原来的大纲相比，好在哪里呢？

首先，我采用了"别多嘴"的具体表现形式，即"别争辩""别解释""别拆穿"，整体的表述会显得更加丰富。

其次，每一个小标题都采用了"每个人 XXX，别 XXX"的句式，更能够凸显文采。

最后，比起"不了解的事情""与你无关的事"这些笼统的说法，"认知层次不同""无法感同身受""有难言之隐"这些情景会更加具体。

那么，我修改大纲的具体思路是怎么样的呢？

一开始，我认为"别争辩""别解释""别评价""别拆穿"

这些都是“别多嘴”的具体表现形式。

因为“别评价”这个点比较旧了，所以我就去掉了，保留了剩下的三个。

这种并列结构的大纲，句式要尽可能对称。一开始我是先写出了两个论点：

第一点：这世上没有感同身受，别解释

第二点：每个人都有难言之隐，别拆穿

但是这样列完之后，我发现第一点的“别争辩”很难有两个对称的句式。所以我又处理了一下，变换了一下说法，就调整成了这样：

第一点：每个人的认知层次不同，别争辩

第二点：每个人都无法感同身受，别解释

第三点：每个人都有难言之隐，别拆穿

第四点：能沉默的时候，别多嘴

小秘诀：我们在列大纲的时候，每一个小标题的意思可以先定下来，句子的表述可以在后面按照对称句式去调整。

3. 素材

当一个选题在以往被写得比较多的时候，不仅大纲上需要我们下功夫，素材上也需要力求新颖。

在第二点“无法感同身受”这部分，她找了一个大学时期的故事作为素材，还有一个是刘德华指导某演员演戏的事情。

因为大学时期的素材偏年轻，不符合目前文章受众的年纪，某演员的素材在其他文章里被运用得也比较多，属于偏旧的素材，所以这两个素材都不太合适。

于是我就重新去帮她寻找新颖的素材。后来我在知乎上找到了《演说家》里的一个故事，然后又去找相关的视频片段，深挖当中的具体情节。

在这里给大家补充一点，如果你手上的素材还不足以支撑你的文章，你可以再去找相关的资料，深挖更多的情节。

在这一章节里，相信大家已经看到了我创作爆文的思路，以及指导学员打磨文章的过程。我也有一些心得，想要分享给大家：

第一，高输入带动高输出。大家刚开始写文章的时候，不要只是凭着感觉去写，想到什么就写什么，这样很容易变成“自嗨”。多去研究平台上的文章，研究平台的风格、选题的类型，以及措辞的表述，懂得投平台所好，我们的上稿率才能够大大提高。

第二，新手写作最大的短板是文采不足。给大家分享一个小技巧，那就是可以用对称的句式来提升文采。比方说，在前面的案例中，我们连续用了三个“每个人 XXX，别 XXX”这样的句式来提升文采。在往对称句式里填充具体内容的时候，可以去搜索相关的近义词和反义词。

第三，当素材较为简单的时候，我们可以去寻找相关的访谈、视频、文章记录，去填充更多的具体情形，让人物形象更加生动，也更加符合文章主题。

第四，不要怕改稿。好文章其实都是改出来的。因为新手较为生疏，一开始往往会有这样或者那样的问题，小到一句话、一个词、一个标点符号，大到观点的逻辑、故事的走向、人物的言行，都可能存在不足。这就要求我们写完之后，需要对文章从头到尾进行检查，同时想一想，有没有可以再完善的地方。

第六章

新手如何迈出第一步，从零到一写文章

第1节
拆解爆文：模仿是最好的老师

当我们初入一个领域，不知道该怎么做时，就去看看这个领域做得最好的人是怎么做的。我们要学会给自己找老师。跟着老师的方向去走，自己也会少走很多弯路。当然，此处的老师未必是一个活生生的人，也可以是好文章。

我们可以通过拆解爆款文章，来快速提升我们的写作能力。

1. 寻找对标范文

新手写作之前一定要多拆解、多学习，研究上稿文章的风格和写法，然后去借鉴、去练习。我们可以去各大平台寻找优质范文，来进行拆解。

那么，如何找到合适的范文呢？如前文所述，我们可以对标关键词，通过相似的关键词去搜索相关范文，然后再进行拆解。

2.拆解爆文的具体方法

一篇文章主要是由四种元素构成，即选题、大纲、素材和金句。接下来，我就教大家如何拆解这四种元素。

（1）拆选题

拆选题常选用的方法是“放大缩小法”。即先把一个选题进行放大，看它属于哪一个类型，再把它缩小，找到这个类型下的某个具体表现形式。

前文已经讲解过放大缩小法，现在我们来回顾一下。“好好说话，你就赢了”这个选题中的“好好说话”，其实这是高情商的一个表现，所以我们可以把它放大到高情商的领域。

然后我们再将放大的选题进行缩小，想一想高情商有哪些表现，进而得出新的选题。这样，拆解过的选题就可以为我们所用。

（2）拆大纲

拆解大纲主要是拆解它的逻辑和句式。

大纲的逻辑体现在每个小标题是如何围绕着主题展开论述的，每个小标题之间又是如何做到自然衔接的。

每拆解一篇文章的时候，我们就可以思考一下这个问题。思考的次数多了，你的逻辑能力和列大纲的能力也能够有所提升。

（3）拆素材

拆素材有两方面的作用，一方面是作为素材库的补充，另一方面是学会素材的运用。

想要持续不断地写出好文章，我们必须积累更多素材，否则，如果你每篇文章都是来来回回写那几个素材，读者很快就看腻了。

那么，该如何拆解素材呢？

很简单，就是建立一个文件夹或者 Word 文档作为自己的素材库，当你看到比较好的素材时，就及时把它补充到自己的素材库里。

同时也可以想一想，这个素材除了作者目前的这个用法之外，还能够怎么使用，能不能用来论证其他的观点及看法。

（4）拆金句

一篇好的文章对作者的文采要求也是比较高的。

在拆解文章的时候，我们也可以刻意去拆解文章的金句，最后看看这篇文章用到了什么手法，是对照、排比、比喻还是拟人……然后试着按照这个句式去仿写。

在这个过程中，我们可以把看到的一些好的句子记录下来，在自己的文章中进行套用。举个例子，“人生下半场，拼的是人品”这个句子我比较欣赏，我就把它的句式“人生下半场，拼的是……”提炼出来，把“人品”替换成其他的词，比如说健康、人脉、抗挫力。

记录好的句式并进行套用，也能在不知不觉中提升我们的文采。

3.如何通过拆解爆文，提高投稿命中率

（1）从上稿文章看趋势

不同时期受欢迎的文章和选题肯定是不同的。我们需要去留意在公众号上频繁出现的选题类型。因为这些正是当下受平台所欢迎的类型。

举个例子，有段时间我在公众号上看到了这几篇文章：《最靠谱的关系：合得来，信得过，靠得住》《做人：能扛事，少惹事，不怕事》《做人如水：至稳，至容，至刚》。

大家有没有发现，这些文章中有什么特点？

这三篇文章都是在标题中罗列了三个点，而且每个点的句式都很对称。

因为这些文章是在某一时间段频繁出现的，所以我们就可以由此判断，这是平台所喜欢的文章类型。如果我们写这一类的选题，文章的上稿率会大大提高。

（2）从上稿文章中套句式

有些文章之所以上稿，是因为文采好。所以，我们也可以从

上稿文章中寻找句式进行套用，以此来增添自己文章的文采。

比方说，“运动和不运动，过的是不一样的人生”的句式是“XXX和不XXX，过的是不一样的人生”，然后对这个句式进行套用，就可以得到下列选题：努力和不努力，过的是不一样的人生；自律和不自律，过的是不一样的人生；读书和不读书，过的是不一样的人生；早起和不早起，过的是不一样的人生。

（3）从上稿文章中找同类

很多时候，我们找不准选题，是因为没有把握对大方向。如果文章大方向对了，写起来也会顺利很多。

那么怎么确定文章大方向呢？很简单，就是从上稿文章中找同类。

举个例子，“不随意评价别人，是一种修养”当中的“不评价”，是属于说话行为的一个表现，所以我们可以找同属于说话行为的其他表现。比方说，不争辩、不抱怨、不交浅言深，这些也都是说话行为的表现。

由此，我们可以得到很多选题，如“不争辩，是一个人刻到骨子里的修养”“不抱怨的人生，更幸福”“最大的社交灾难：交浅言深”。

第2节
刻意练习：功夫下得深，铁杵磨成针

想必大家都听说过“一万小时定律”，在任何一个领域，只要你能深耕一万个小时，总能够成为这个领域的专家。

写作也是一样，只要我们下的功夫足够深，想要写出好文章，就不是难事。

我们可以通过刻意练习，来提升我们的写作技能。那么，我们应该如何刻意练习？

1. 刻意练习的三个方向

（1）写作前先确定领域

每个人的时间和精力都是有限的，贪多未必能够求全。如果你什么都想要，最后可能什么也得不到。

开启你的写作之路之前，可以先确定一下你的写作领域。与其把时间分散在四五个领域里，不如专攻一个领域。先在这个领域写出成绩了，再开始去尝试其他领域。

（2）拆解相关范文

前文已经强调过拆解范文的重要性，此处我还想再提一下，拆解某个公众号文章的时候，要找到与你调性相符的公众号，而且我们要去拆解公众号的原创文章。

在拆解的时候，重点关注这三个方面：文章的标题有哪些词是吸引眼球的，把这些词记录下来，或许之后能够套用到你的文章中去；如果文章中的句式有出彩的，把它的句式记录下来之后，可以举一反三；遇到比较好的名人事例或者影视剧事例也要记录下来，作为素材的积累。

（3）写完自查

我们文章的初稿，可能会存在各种各样的问题。如果不经过检查就拿去投稿，投稿情况往往不太理想。

若是写完初稿之后，能够进行自查，我们的上稿率也会大大提高。

具体如何自查呢？可以从以下方面入手：

①逻辑

一篇好的文章在逻辑上要层层递进，内容要富有层次。

文章想要有逻辑切忌两点：一，通篇反复使用一个关键词，比如你这篇文章是讲低谷的，不要在文中和大纲中反复用这个词，可以换成逆境、挫折；二，不要聚焦于同一个点，比如你的选题是“不要玻璃心”，不要通篇只围绕“玻璃心”论述，可以转换到好心态，这样在逻辑上就是递进的。

②故事和观点的衔接

文章是由故事和观点组成的，这就要求故事和观点的衔接要恰当。

之前有学员写文章时，写到这样一个故事：甲信任乙，无论乙做什么事，她都会无条件跟随。他想用这个故事来论证“你能走多远，取决于跟谁同行”这个观点。

但很快就被我否定了，因为如果要论证这个观点，应该写甲之前如何普通，但因为认识了乙之后，她身上发生了什么样的改变，才取得了成绩。这样才是“你能走多远，取决于跟谁同行”这个观点的论据。

故事能否有力地支撑观点，观点能否有力地论证故事，这是我们需要重点考虑的。

③有没有金句

如前所述，金句是最能体现文章文采的部分。金句的主要来源有两方面，一方面是引用名人名言，另一方面是自己创造金句。

对于新手来说，如果想写金句，主要有两个方法，一个是套用别人写过的句式，另一个是尽量写对称式的句子。

2.刻意练习的五个步骤

第一步，想，先定个主线。有了主线，你的文章才不会乱。

有些主题的内容相同，但有不同的解读方法。《人生最大的智慧：不争》这篇文章的主题是“不争”，但是诠释的方式有很多，比如，不争高低、输赢、虚名，以及不与人争辩。这样一下子就能找到四个方向。每一个都可以单拎出来，作为文章的主线。

所以，在写文章之前要先想一想，你的主题可以如何解读，文章的主线是什么。这样一来，你写的文章就不会杂乱无章。

第二步，写，先定个主心骨。大纲是文章的框架，只要确保大纲不离题，文章就大概率不会跑题。

一般来说，大纲主要有两种写法——递进式和并列式。对于新手来说，并列式会相对容易上手一些。

第三步，补，按照大纲补充事例。

这一部分相对容易一些。一般来说，素材主要来自微博热搜、腾讯新闻、书籍、影视剧等。我们可以写名人事例，也可以写自己身边发生的故事。

第四步，读，检查问题。

一般来说，在写完文章之后，我们往往自我感觉良好，发现不了其中的问题。如果我们能通读一遍，往往可以发现问题，比如，语句不通顺、表达不精确、词汇不精准。我们可以根据发现的问题，去进行相应的调整。

第五步，改。好的文章，都是改出来的。

我们可以主要从以下几方面进行自查自纠：错别字、句子是否过长、的地得（名词前用的，动词前用地，形容词前用得）、双引号（影视剧台词、人物对话要记得加上双引号）。

3.刻意练习的经典结构

第一章提到，目前自媒体文章的经典结构是把文章分为四部分，前三部分的形式是“故事＋观点”，第四部分是纯观点。其他结构都是在这个结构的基础上进行延伸的。

所以，大家在前期的练习过程中，可以按照“故事＋观点”的写法，每天写五六百字。如果能把这部分写好，你就算打好基本功了。

在这一部分，我会和大家详细讲解，“故事 + 观点”应该怎么来写。

我们先来讲一讲故事怎么写。

（1）按照主题填充具体情节

一两句话的描述往往无法体现人物的品质，这时就需要我们通过具体情节来体现人物的品质。

比如，在下面的例子中，文章的主题同样是“你过得不好，其实是因为你‘不够坏’”，故事二就会比故事一生动具体：

故事一：

一位刚入职的同事为了和别人搞好关系，便主动帮忙做各种事，同事也习惯地使唤她，一次拒绝别人后，她备受冷落。

故事二：

我有一个朋友王雨，刚刚入职时，为了和同事搞好关系，她便主动帮助同事做各种事情。同事们看她对谁的要求都来者不拒，于是在吩咐她做事时，便更加心安理得起来。从此，王雨除了自己要完成的工作以外，还要帮别人复印东西、带早餐、买咖啡。

有一次，同事让王雨帮忙去取文件，但王雨正在忙工作，脱不开身，便委婉地拒绝了。结果第二天，王雨就受到了这位同事的冷落，他们甚至还拉拢了一个小群体，集体孤立王雨。

故事二在故事一的基础上填充了具体情节，人物就变得活起来了。而这些具体的情节，也更能够凸显出文章的主题。

（2）通过两个人物的对比来突出主题

我们在写故事的时候，可以在故事中设置一正一反两个人物，通过一个人的差来反衬出另一个人的好。

比如我们之前提到的水果店老板的故事，甲水果店的老板总是缺斤少两，还挑一些快烂了的水果给顾客。而乙水果店的老板总是给足分量，还经常会给顾客抹零，让顾客试吃。

时间一长，甲家的生意一落千丈，而乙家的生意越来越好。

通过甲水果店的差来衬托乙水果店的好，可以突出乙的好，从而强化主题。

（3）通过结果来强化主题

这种方法我们在上文中也提到过，就是在支持或者反对一个观点时，通过故事中的人物做了一件正面的事，得到了一个好结果，或者故事中的人物做了一件负面的事，得到了一个坏结果，从而论证主题。

接下来我和大家说说观点怎么写。

观点其实就是表明态度，说明你对某些人或者某些事的看法。主要有以下这三种写法：

写法一：对故事中主人公的做法表示支持或者反对。

举个例子，电视剧《小欢喜》里的方圆，在事业上没有什么进取心，在生活上也是得过且过。他自恃是公司的元老，缺乏职业危机感，最后成为公司并购后唯一一个被开除的人。

各行各业中，最先淘汰的永远是那些放弃自我成长的人。这种写法表达了对故事中方圆的做法的反对。

写法二：判断主人公的行为是好还是坏。

比如，有这样一个故事：

西藏有一个叫爱地巴的人，每次跟人发生争执，他都快速跑回家，绕着自己的土地和房子跑三圈。

几年后，爱地巴的房子越来越多，土地也越来越多。即使他年纪很大了，每次跟人发生争执，也依旧会绕着房子和土地跑三圈。

他的孙子不解，问他："为何一生气就绕着房子和土地跑三圈？"

爱地巴说："现在生气，我也去跑三圈，边跑边想，我的房子这么大，土地这么多，何必再与人计较呢？”

我们需要把这个例子补充完整，不能只写这么一句话，要把前因后果交代清楚，他怎么逞一时的口舌之快了？在什么时间、什么地点，发生了什么事，他说了这样的话？

这个例子说明与其与人争执，不如转身走开，认真经营自己。我们可以通过判断爱地巴这个行为好，来证明这一观点。

写法三：告诉大家，之后遇到这样的情况，应该怎么去做。

比如，我在网上看到这样一个故事：

自从生了孩子，阿静就在家当起了全职妈妈。平日里的衣食住行，都要伸手向丈夫要钱。

有时候丈夫工作不顺心，或者心情不好，给钱时常常会数落阿静一番，摆出一副不情愿的样子。时间长了，阿静心里也总觉得不好受。

后来，阿静弟弟得了急病，急需几万块钱周转。她开口向丈夫要，没想到丈夫一下子暴跳如雷，吼了一句“我养了你，还要养你们全家吗”，然后，夺门而出。

这让阿静觉得，她不应该把希望寄托在丈夫身上。只有自己经济独立了，才不用过着掌心向上、看人脸色的生活。

这个故事就是告诉大家应该怎么做。

4.如何借助工具刻意练习

从事自媒体写作五年多，有个技能对我来说至关重要，那就是搜索。

你不用费力记忆太多的内容，因为强大的搜索引擎已经给我们提供了太多的便利。

一般来说，我们要先用脑子搜索，想想脑袋中是否有现成的思路，没有的话再用互联网搜索。

搜索的内容一方面是关键词，这是用来列大纲的。比如我的关键词是“糊涂”，通过脑子搜索之后，我能够联想到的有：

第一点：装傻：装傻是糊涂的一种表现

第二点：不计较：在遇到纠纷的时候，不要斤斤计较

第三点：看开：看开，是不计较的一种表现

第四点：想开：想开，和看开意思接近

第五点：聪明的人：糊涂并不是傻，反而是聪明的一种表现

第六点：吃亏是福：在利益受到损害的时候，糊涂一点，不

怕吃亏

……

如果你愿意花时间往下想，还能够想到更多相关联的点。

除了在脑子里搜索关键词之外，我们还可以搜索相关的故事。

举个例子，假设我正在写关于“靠谱”的文章。我可以先在脑子里搜索一下，生活中有没有遇到过靠谱的事。比如，我找朋友帮忙，朋友满口答应，说包在他身上，可是到关键时刻，却说办不了；邀请嘉宾来开讲座，讲座快要开始了，嘉宾却说来不了。

这些都是我在生活中遇到的关于靠谱的事。

如果想不到合适的例子，我们就可以用互联网搜索。我主要是用它来搜索素材和金句。

在文章的主题和小标题定了之后，接下来要做的就是找素材了。

假设我论证的观点是“丈夫帮妻子做家务，婚姻更和谐”，我要找的事例就是丈夫帮妻子做家务，导致婚姻关系更好，或者丈夫不做家务，导致婚姻关系更差。

假如我并不知道有谁会帮妻子做家务，我只是想搜索帮妻子做家务这一类的话题，那我就可以在网上搜索“帮妻子做家务的男演员”，这样往往可以找到我们想要的素材。

再来说金句。

很多金句都是对称句式，这时候往往需要用到近义词和反义词。

举个例子，“既然无法肝胆相照，那就只能各奔东西”这句的对称句式是“既然不能 XXX，那就只能 XXX”。

我们要在第一个“XXX”的地方搜索“肝胆相照”的近义词，搜完之后我选用了“推心置腹”这个词。第二个搜索的是“各奔东西”的近义词，我查到了“分道扬镳”。这样，我就得到一个新的金句：既然不能推心置腹，那就只能分道扬镳。

5.刻意练习之实操演练

从目前的公众号投稿的情况来看，大多数文章都是观点文。情感文、励志文、鸡汤文这些文体，不过是把情感类、励志类、鸡汤类的素材运用到了观点文的框架中而已。

所以只要掌握了观点文的写法，其他类型的写法也就能驾轻就熟了。

前文已经详细介绍了观点文，现在我就来说说观点文的具体写法。

（1）练习“故事 + 观点”的写法

观点文最经典的写法就是先讲述一个故事，然后表达对这个故事的看法。

一开始我们可以先练习前面提到的“故事＋观点”的写法。这里的故事可以是生活中的故事，可以是演员的故事，也可以是影视剧里的故事。

写完故事之后，再谈谈你对这个故事有什么看法。

新手一开始写文章，字数一般很难写够。但没关系，你能写多少就写多少，毕竟，先完成，再完美。

（2）把“故事＋观点”部分写到五六百字

刚开始练习的时候，不用刻意给自己要求字数，写了一段时间之后，你渐渐找到感觉了，就可以逐步提升对自己的字数要求，把“故事＋观点”部分写到五六百字。

一般来说，观点部分要控制在三到五个段落。

（3）按照并列或者递进结构列大纲

前文已经讲过，目前的公众号文章的大纲主要有两种形式，一种是并列式结构，一种是递进式结构。

并列式结构文章的前三个小标题是并列的关系，每个小标题都是选题的一部分。第四个小标题是文章的总结和升华。

递进式结构文章的四个小标题在逻辑上是递进关系，每个小标题，都是上一个小标题的延伸。

这里再强调一下，列大纲主要是围绕着“是什么”“为什么”“怎么办”来展开。是什么，就谈谈目前的现象和现状；为什么，就谈谈这件事的好处或者坏处；怎么办，就为大家提供方法。

（4）完整成文

我们前面说过，文章的每一部分都是由“故事＋观点”构成。而当你学会列大纲之后，就可以把文章每一部分的逻辑串联起来。这个时候，我们就可以开始写一篇完整的文章了。

写文章的时候，有一些基本的格式规范。

一般来说，一篇文章的字数在一千八百个字到两千四百个字之间。每一部分的字数基本是五六百字。

文章的小标题和金句都要加粗。因为小标题把文章划分成了四个部分，所以需要加粗来起到划分的作用。而且金句是最能凸显作者文采的部分，所以我们要把它加粗，让编辑老师第一眼就能够看到你的加分项。

文章一般不要长段落。基本上一段不超过五行，否则读者的阅读体验会很差。

文章也要注意长短句的划分。一般来说，如果一句话超过十五个字，那你就要在这句话中添加逗号，把它划分成短句，这种长度的句子在手机的屏幕上阅读起来是最舒适的。

第3节
立意深刻：拔高文章深度是关键

一般来说，大平台的单篇稿费大多在三百到八百元之间，小平台的单篇稿费大多在一百到三百元之间。如果我们能够提高文章的深度，就能够大大提高在大平台的上稿率，也能够提高我们的稿费。

在这一部分，我会跟大家分享四个多维度论述的方法。相信掌握了这些内容，大家也能够实现写作变现，赚取高额稿费。

1. 人物代入法

很多时候，我们的论述深度不够是因为我们的思考只停留在表面。如果能够身临其境，把自己代入到故事的人物中去，做到感同身受，就能够由此延伸出更多维度的思考。

人物代入法就是把自己代入到故事中的人物当中，想一想如果故事的主人公是自己，自己会有什么样的感受，希望事情往什么样的方向发展。

比方说，故事中有一对夫妻因为一些事在吵架。你可以把自己代入到故事中妻子的角色中，想一想，如果自己是妻子，会有什么样的感受？

你肯定希望对方有话能够好好说，不要吵架。希望对方吵架的时候，就事论事，不要翻旧账，更不要有隔夜仇。希望双方都能够换位思考，站在彼此的角度上，替对方考虑，这样一来，就能避免无谓的争吵。

我就经常通过人物代入法，把自己代入到故事里的人物中，想出了很多不同的观点，而不是只有一个观点，从而提升了文章的深度。

2.好处、坏处分析法

单纯让大家去做一件什么事，或者不做什么事，可能对读者没有吸引力和号召力。但倘若你分析了这当中的好处和坏处，让读者知道了这当中的益处和弊端，你的观点对读者会更有说服力。

如果你支持一个观点，可以告诉大家，这样做有什么好处；如果反对一个观点，可以告诉大家，这么做有什么坏处。

在《有一种修养，叫遇人不评价》这篇文章中，作者告诉大家，评价别人有什么坏处。比如，我们未必能够了解事情的全貌就随意评价，这样可能会错怪对方。再者，这些评价的话传到对方耳朵里，可能会引起不必要的误会。而且，评价的次数多了，可能会让人觉得你喜欢说闲话。

通过好处和坏处分析法，我们也可以延伸出不少角度。

3.行动指南法

一般来说，读者看文章都希望能够收获一些行动指南，如果你的文章里能够告诉读者一些正确的做法，给读者提供一些方法论，那读者会认为你的文章具有深度，就会为你的文章点赞。

像“存钱，才是顶级的自律”“永远不要透支自己”“做一个守得住低处的人”“成年人的幸福，别总挂在嘴上”这些都是给大家提供一个具体的做事方法，告诉大家应该怎么做。

4.从小到大拔高法

前面讲了我们的文章要有深度，具体做法就是我们可以由小到大、由近到远，逐步拔高深度。

举个例子，我们可以从“好好说话”这个话题引申到说话的分寸感，再从说话的分寸感引申到交往的分寸感。这样，我们就做到了从小到大，实现了四个层次的拔高。

第4节
形象生动：让文章丰富多彩的秘诀

一笔带过的内容容易让人不明白前因后果，读起来也意犹未尽。

想要增强文章的可读性，就需要做好以下三方面的内容：人物更立体，情节更丰富，论述更多维度。

1. 增加具体动作丰富人物形象

有故事，就免不了有人物。想要刻画一个人物形象，我们可以描写一些具体的动作。

比如，你要写的是一个刚生完孩子后不久的妈妈照顾孩子很不容易。单单这么一句话，读者看完可能没什么感觉，但是添加完动作之后，人物形象就会丰富很多。

你可以添加类似于这样的动作：那天夜里，宝宝发烧。这位妈妈每隔两小时就得起来，摸摸宝宝的额头，量量体温，看看烧有没有退。有时候，她刚躺下，宝宝又开始哭闹了，她只得立马起床，抱着宝宝，哄他入睡。

“每隔两小时起床”“摸额头”“量体温”“哄入睡”这些动作就足以让人感受到妈妈的不容易。

2. 添加具体情节来丰富故事

在自媒体文章中，我们写故事是为了论证主题。这也就要求我们在写故事的时候，要有详有略。能够突出文章主题的部分，要通过具体情节展开来讲。

比方说，你要论证的主题是“在婚姻中不要讲道理，要懂得示弱和认㞞”，如果你在故事里写的是，每次妻子生气了，丈夫总在第一时间道歉。单单这么一句话，读者看完可能没什么感觉。

我们可以添加这样的具体情节：妻子和丈夫的习惯不同。妻子每次收完衣服，就喜欢把衣架放回房间里，因为她觉得放在阳台里会落灰。而丈夫却不同，每次收完衣服，就喜欢把衣架放在阳台上，觉得这样方便下次再拿。

因为这件事，妻子没少斥责丈夫，可丈夫并不据理力争，也不跟妻子讲道理，每次都主动示弱，笑盈盈地说自己下次改正。

添加完具体情节之后，不仅故事更加饱满了，也更能论证文章主题——婚姻里，不要讲道理。

3. 多维度论述观点

很多写作新手写的文章只会聚焦在一个点上，没办法进行拓展和延伸。

其实多维度展开论述并不难，大家只要抓住这两个要点即可：正面事例讲好处和作用，反面事例讲坏处和弊端。

比方说，你讲了一个为人厚道的事例，紧接着的观点就应该讲好处和作用，比如，为人厚道，可以赢得别人的信任，获得别人的人心，未来获得更多的机会。

而当你讲了一个为人不厚道的事例时，紧接着的观点就应该讲坏处和弊端，比如，为人不厚道，就会遭到身边朋友的远离，失去商业伙伴的合作。原先牢靠的关系，会渐渐动摇。原先获得的资源，会渐渐减少。

字数不够很多时候是因为细节没有写好，把这三部分的内容填充完整了，不仅故事更加饱满，观点更有深度，内容也会更加丰富。

第5节
投其所好：容易上稿的文章类型

1. 易上稿文章的四个特点

（1）受众范围广

我们总希望文章的阅读量要尽可能多，点击率要尽可能高，所以涵盖的受众群体要尽可能的广。

所以，我们在写作时，尽量选择一些和每个人息息相关的话题，比如聪明人是怎么为人处世的、如何认清一个人、怎样让格局变大、怎样赚大钱等等。

（2）内容可实操性强

文章的内容不宜太虚太泛，可实操性要强。

“恰到好处的生活”“深思，可以重获初心”“浓淡总相宜，远近皆相安”“厚道为本，方能载物”……像这些观点都是比较虚的，虽然有的句子表述方式不错，给人一种优美的感觉，但看完之后，还是让人觉得跟实际生活离得比较远，不知道具体应该如何来做。

一篇好的文章，最好能给读者提供行动指南，让读者看完之后，知道应该如何去做。比如，“放弃无谓的抱怨”“知事不声张”“该翻脸时翻脸，别怕得罪人”“生气时，不说翻旧账的话”。

这些都是比较具体的行为，大家看完之后，是可以作为行动指导去具体实施的。这一类文章对于读者来说，就会更有意义。

（3）能引起情感共鸣

一篇文章能够让读者转发，通常是因为说出了读者心中想说的话，让读者感同身受，也就是我们常说的，引起情感共鸣。

这类文章一般都是表达当下成年人的不容易、压力、崩溃、孤独……说出了读者压抑在心中已久的情绪，让读者的情绪一下子有了宣泄的出口。比如，“成年人的崩溃，就是‘没事’”“成年人的世界里，没有‘容易’二字”“你总要一个人走遍所有的孤独”。

这些文章很容易因为打动读者而被转发，从而提高文章的阅读量。

（4）能提供新的认知

我们的文章，要能够对读者有所帮助。提供新的认知，就是其中的一个方式。提供新认知就是告诉读者一些原先他所不知道的内容，扩展读者的知识面，让读者收获新的知识和观点。每个人都希望自己能够更博学，更睿智，变得更好，生活得更顺遂。所以这一类文章，也会比较受读者欢迎。

总的来说，你的文章要么能帮读者总结各种情况，要么能告诉读者一些原先不知道的内容，要么能颠覆读者原先的认知。

2.易上稿文章的四种类型

（1）使人变优秀

每个人都希望自己能够越过越好，生活能够走上坡路。当你的选题与“让人变好”有关的时候，读者也会很感兴趣。

比如“走上坡路的人，都有这种思维方式”“一个人悄悄变好的五个征兆”“成年人的内心强大，从戒掉期待开始”“真正聪明的人，都是忘性好”，这些选题都是给大家提供一些变好的方法，给大家提供价值，让大家从中受益。

（2）人际关系

生活中，我们总是免不了要跟人打交道，而人际关系就成了一个必不可少的人生课题。如何与人相处，如何维持一段好的关系，这个也是大家感兴趣的内容。

这类文章都是告诉大家，人际交往过程中大家应该遵守的一些态度和原则，让大家在与人相处的过程中，能够更加融洽。这一类选题也是比较受读者欢迎的，如“人与人走得太近，是一场灾难”“最长久的关系，都是以心换心”“最舒服的关系，是各自带着凉薄”。

（3）对称句式

标题的对称句式很能够凸显出文采，目前也比较受平台的认可和喜欢。它有几个比较明显的特点：词性一致、字数相同、当中至少有一个字是相同的，给大家举几个例子，“成熟的人：留意，留心，留路”“人到中年，别大方，别逞能，别炫耀”“人生三阶：阅己，越己，悦己”“做人：能扛事，少惹事，不怕事”。

（4）标题中带数字

带有数字的标题属于总结性的文章，会让人觉得内容很全面，几乎涵盖了所有情况，也是目前比较受读者欢迎的一类文章。

举几个例子，“生活，不会亏待这四种狠人”“一个人不可深交的四个表现”“人到中年，最该看清的五个真相”“这八个心理效应，学会一个受益终身”。

第 6 节
写作应该避开的雷区

很多新手花了不少时间，写了不少文章，却总是没进展；每次满怀信心地去投稿，收到的却总是冷冰冰的拒稿消息。想要调整改进，却不知道问题出在哪里。

我想，这是很多人当下的困境。

其实，所谓的捷径，就是少走弯路。在这一部分，我会和大家分享写作容易陷进的误区，快来看看，你是不是中招了。

除了前面提到的选题老旧、过于“自嗨”、过时热点这些雷区，还有三个比较常见的误区，即观点偏激、故事不够流畅、论述不够有力。

1. 观点偏激

读者阅读文章的舒适度很重要。一些偏激的观点很容易引起读者的不适，要尽量避免。

比方说，“小三”“死不要脸”“垃圾男人”“圣母”这些词汇都太偏激了，读起来让人觉得很不舒服，要尽量避免使用。

2. 故事不够流畅

俗话说：“万事开头难。”新手刚开始写作的时候，因为不够熟练，往往会将重要的情节一笔带过，或前因后果没有讲清楚就草草结束，或多个故事拼凑在一起，前后衔接不上等等。

关于新手写故事可能存在的误区，我在下文帮大家一一罗列出来了。相信避开了这些问题，你就离写好故事不远了。

（1）没有具体情节支撑主题

如前所述，我们是靠具体情节来支撑主题、打动读者的。比方说，你想说一个人很自律，单单用这句话，读者看完可能没什么感觉。但如果你说这个人每天早上五六点就起床，每天坚持跑步一小时，已经连续坚持了三年。这个具体情节就能够更加体现人物的自律。

（2）故事结果不够突出

我们是用结果来说服读者的。如果你想提倡某个做法，就让故事中的人物，因为这样做而获得了好结果；如果你想反对某个做法，就让故事中的人物因为这样做，获得了不好的结果。

（3）故事的来龙去脉没有交代清楚

如果你没有把故事的来龙去脉讲清楚，别人看完就会觉得一头雾水，有些莫名其妙。

举个例子，有一个演员想要好好上学，将来做医生、教师这些体面的工作。对于女儿的愿望，父母不仅嗤之以鼻，甚至最后因为这件事和女儿一拍两散。

这个故事看完，会让人觉得有些莫名其妙，父母不是都希望孩子做一些体面的工作吗？为什么会嗤之以鼻，最后还闹到要一拍两散？

所以我们需要把原因讲清楚——因为她那时在演艺圈正处于上升阶段，父母希望她把握这个大好机会，在演艺圈努力发展。

加了这个原因之后，这个故事才会顺理成章。

（4）故事之间没有过渡

有些文章在一部分里有两个故事，一个故事写完了之后，紧接着写下一个故事。

这样写在结构上是没有问题的，但是如果两个故事之间没有加论述的部分，整体会显得太过突兀。

一般来说，这种故事之间是需要添加过渡句的。

3.论述不够有力

我们的论述部分重在“以理服人”，要言之有理，令人信服。

但许多新手在论述的时候，为了说服读者，可能会言过其实，过于夸大结果或效果。也可能会写着写着，就变成了居高临下的说教，如同老师向学生说教一般，让读者看了很不舒服。他们还可能会因为掌握的词汇量不足，一个词反复运用，让人觉得过于单一。

关于论述部分常见的问题，我帮大家总结出了以下四点。相信避开了这些误区，你也能够写好论述，以理服人。

（1）夸大其词

文章是要紧扣主题来写的，但有时候新手会为了论证主题就夸大其词，脱离了实际。

比如，有个学员就曾这样写：“只要你不满腹怨言，而是积极面对一切，你的未来就会出现奇迹。”这是一篇关于抱怨的文章，为了论证不抱怨的重要性，把不抱怨说成会出现奇迹，难免有点太夸张了。因为奇迹在生活中极少出现。

（2）说教性太强

像“没有人愿意当傻子，给你是情分，不给你是本分”这句话的说教性就很强。

作者想告诉大家别把别人对你的好当成理所当然，别做一味索取的人。但我们写文章应该是站在朋友的角度，以平等的身份去跟读者交流，而不是站在老师的角度，以高人一等的姿态去说教。

（3）一个词反复出现，论述角度过于单一

之前有个学员在写“丢掉高期待”这个小标题时，结论部分有六段的内容全都出现了“期待”这个词。

虽然写了六段，但是全都围绕一个关键词会让人觉得深度不够，论述的点也过于单一，也会让读者觉得过于啰唆，同样一个观点翻来覆去地讲。

（4）用词过于网络化

像“撒狗粮”“人设崩塌”“海王”这一类的词都过于网络化，不适合写在文章里。

（5）句子过长

一般来说，长句要尽量划分成短句。句子太长，讲述的内容太多，会让读者觉得读起来很累，阅读的体验感会很差。

第7节
不同类型的文章，共通的写法

公众号每天都会出现各种各样的文章，虽然看似不同，但核心和本质都是相同的。

就像学语文需要先学拼音，学数学需要先学九九乘法表，学英文需要先学英文字母一样，有了这些基础的元素和公式，再进行延伸和填充，就会容易很多。

学写自媒体文章也一样，虽然文章看似五花八门，但都有一定的技巧。

在这一小节中，我帮大家总结出了选题、开头、正文、结尾的共通的写法。相信看完这部分内容，你也能够对不同类型的文章驾轻就熟。

1. 选题

选题主要需要注意两个方面，一是表明态度，二是提供方向。

表明态度主要是表达你对一些人或事的看法，是支持还是反对，是认可还是否定。

例如，“守时的人，最值得深交”这个选题是支持守时的人，“人到中年，赚钱上瘾，才是人间清醒”是支持赚钱这件事，“余生，请远离爱抱怨的人”是反对爱抱怨的人，“凡是让你不舒服的关系，都是错的”是反对不舒服的关系。

提供方向是给读者一个可落地、可实操的行动指南，让读者知道具体应该如何来做。

2. 开头的三种写法

（1）拔高到人生，再逐渐聚焦到主题

《修炼自己（此文无价）》这篇文章中，开头是这样写的：

网上看到这样一句话：“要学会自我成长，自我修养，人生的路要靠自己走出来才完美。”每个人的一生，都会有高山有低谷。但无论何种境况，都要保持内外兼修。修炼好健康和人品，把握好情绪和时间，你的人生才会快乐无忧。

这篇文章的开头就是先拔高到人生，讲人生的路要靠自己走出来，再聚焦到主题“修炼自己”上，提出自己的观点——做人要保持内外兼修。

（2）引用名言或者网上的段子、对话、问答，再聚焦到主题

《让你变厉害的四种思维方式》这篇文章的开头是这样写的：

《小狗钱钱》一书中，有这样一句话：“你的思维方式铸就了你今天的样子，这样的思维方式，却不能让你变成你想成为的样子。”固化的思维，只能让你在迷茫的怪圈里兜兜转转，不知去向。很多时候，你的郁郁寡欢不是因为能力不足，也不是因为运气不够好，而是因为思考的方式不对。

这篇文章的开头引用了《小狗钱钱》一书中的名言，再聚焦到主题“思维方式”，提出“固化的思维只会让你在迷茫的怪圈中不知去向”这个观点。

（3）列举生活中的一些情况，再引到主题

《四条黄金定律，改变自己“穷忙”的人生》这篇文章的开头是这样写的：

最近网上有个流行的词——穷忙族。顾名思义，这个词是指越穷越忙、越忙越穷的人。

他们整日奔波，甚至每天超时工作，但收入平平，始终无法摆脱贫穷的生活。那么，如何才能跳出这样的怪圈呢？这四条黄金定律，可以帮助你改变“穷忙”的人生。

这篇文章的开头，先指出生活中存在“穷忙族”这样的现象，再聚焦到主题，引出可以改变“穷忙”人生的四条黄金定律。

3.正文

正文其实也是有规律可循的，掌握了下面这三种框架，大家就不用愁写不好正文了。

（1）现象 + 原因

先以当下的现象引入话题，然后层层深入，挖掘背后的原因。《丰富自己的四个习惯，请逼自己养成》这篇文章就是以“现象 + 原因”为框架写的，其中有一段是这样写的：

曾在网上看过一幅漫画表达的内容大致如下：

二十岁，你在逃课、熬夜、挂科、打游戏。别人在图书馆认真复习，取得优异的成绩。

二十五岁，你每天早出晚归，一到深夜就用美食和手机麻醉自己，欺骗自己已经很努力了。别人顺利进入大公司，作息规律，精神饱满，事业稳步上升。

三十岁，你沉迷于无效社交，在酒桌上觥筹交错，以为这样就是朋友。别人下了班就跑步，周末就陪陪家人和孩子。

四十岁，你无数次跟家人保证要戒烟，但总以工作压力大为借口，沉迷于抽烟。别人陪孩子参加家长会，被误认为是孩子的哥哥。

五十岁，你突发意外被送进医院，才发现多处脏器功能损伤，平时的熬夜、抽烟、喝酒，导致肺部严重感染，躺在ICU病床上，你悔不当初。而别人一家人外出游玩，欣赏沿途美景，享受天伦之乐。

生活，就像是一扇任意门。

有些人推开这扇门，扑面而来的都是黑暗，生活的压力四处弥漫。而有些人跨过这道门，迎接他的是一束光。

这个差距，就是在每一天的自律中逐渐被拉大的。

很喜欢一句话："成年人顶级的自律，不是逼迫自己做什么惊天动地的大事，而是脚踏实地地做好眼前的每一件小事。"

坚持运动，形象自律；读书旅行，阅历自律；学会存钱，金钱自律；控制情绪，心态自律。

自律和放纵之间，只是多了片刻的犹豫，却通往了不同的世界。

愿我们都能学会自律，在余下的生命旅程里，多一分喜悦和自我满足。

正文部分先讲述了一个现象：在不同的年纪，你做了不一样的选择，就会造就不一样的结果。

接下来，作者分析了造成这个现象的原因就是“自律”，这个差距就是在每一天的自律中被逐渐拉大的。

（2）故事 + 结果

这是自媒体文章的常见结构。先讲述一个故事，然后分析结果。正面事例就讲好结果，反面事例就讲坏结果。

《真正厉害的人，都具有这四种思维习惯》这篇文章就是这样写的，其中有一段内容大致如下：

1975 年，从哈佛退学的比尔·盖茨，创办了微软。发展了五年后，微软依然是一家名不见经传的小公司。比尔·盖茨一直想寻找机会突破。

他的母亲玛丽是美国非营利性组织——全国联合劝募协会执行理事会的主席。当时国际商用机器公司（IBM）的董事长约翰·欧宝，也是该组织董事会的一名成员。

一次偶然的机会，比尔·盖茨从母亲玛丽那里得知，IBM 打算请外部软件制造商来为公司开发个人电脑操作系统。

微软虽然参与了竞标，但作为一家名不见经传的小公司，希望并不大。

于是，盖茨借助母亲的人脉关系，再次向 IBM 争取，最终赢得了这次难得的机会，一战成名。

自此微软开始迅速发展，终于在全球科技舞台上大放异彩。

正如比尔·盖茨所说："最有希望的成功者，并不是才华最出众的人，而是那些最善于利用每一个时机发掘开拓的人。"

善于利用整合人际网中的各种力量，是一种了不起的能力。

就如东野圭吾所说的："若不趁起风时扬帆，船是不会前进的。"

学会借势和整合资源，才会走得更远、更轻松。

正文先讲述了在微软还名不见经传时，比尔·盖茨借助了身为全国联合劝募协会主席的母亲玛丽的力量，争取到了参与国际商用机器公司竞标的机会，并且一战成名这个故事，紧接着讲述微软从此迅速发展，终于在全球科技舞台上大放异彩这个结果，以此来强调主题"学会借势"的重要性。

（3）行为 + 影响

"行为 + 影响"即讲故事中人物的行为带来的影响，正面的行为就讲积极的影响，负面的行为就讲消极的影响。

我们以《半生已过，幡然醒悟的四个道理》这篇文章为例，以下内容摘自这篇文章：

> 大学有个同学周周，每天天不亮就起床、半夜才休息。
>
> 他非常努力地学习，但成绩却一直不佳。
>
> 周周十分困惑，找到了教授请教。
>
> 教授听了，思索了片刻，问道："山上有两棵树，一棵粗，一棵细，你会砍哪一棵？"
>
> 周周想也没想，快速地回答："那还用说，我肯定砍粗的那棵树呀。"
>
> 教授接着问："如果粗的那棵只是普通的杨树，而细的那棵是红松，你还砍粗的那棵树吗？"
>
> 周周想了想说："那当然不会了，红松比杨树值钱，我砍细的那棵。"
>
> 教授听了，笑而不语，又问："那如果红松长得歪歪扭扭，而杨树长得高大笔直，你又会砍哪一棵呢？"
>
> 周周迷糊了："那我……"
>
> 看着周周迷惑不解的样子，教授说道："你在决定砍哪棵树之前，怎么不先问问我，砍树是用来做什么呢？"
>
> 做事情，如果连动机都没弄清楚就盲目地开始，怎么能有好

的结果呢？

有句话说："许多人都过着终日忙碌的生活，但自己却并没有清晰明确的目的和目标。"

没有目标和方向的努力，都是徒劳无功的。

真正有效的忙碌，一定是有的放矢，心无旁骛的。

否则，只会浪费时间，最终一无所获。

时间是这世上最公正、无私的东西，它不会偏袒任何人。

当你脚踏实地地过好每一天，你的人生才能厚积薄发、行稳致远。

这篇文章先讲述了周周不思考，就盲目去做的这个行为，从而引出影响"没有目标和方向的努力，都是徒劳无效的。只会浪费时间，最终一无所获。"

4.结尾

文章的结尾在很大程度上影响了文章的转发率，因为好的结尾能够引起读者的共鸣，从而增加读者分享的欲望。

结尾部分主要有这三种写法：一是升华，把文章上升一个高度，讲讲对生活、人生或者未来的意义；二是号召大家行动，呼吁大家按照文中提到的方法行动起来；三是说一些祝福的话语，给大家描绘一个美好的未来，一般是用"愿你我……"这个句式。

第8节
投稿注意事项：掌握要点，胜算翻倍

前文中，我们简单提到了如何寻找投稿资源，这里我会详细讲一讲寻找投稿资源的技巧，以及投稿的基本格式和注意事项。

1. 投稿资源

寻找投稿资源主要有两个方法，一是在公众号后台输入“征稿”或者“投稿”，后台会自动弹出征稿函，征稿函里有详细的投稿要求以及投稿方式；二是在第一章中提到的通过信息整合平台寻找，我们可以主要关注这三个公众号：“投稿小秘书”“文学投稿小助手”“约稿投稿平台”。

在投稿的过程中，大家要学会辨别征稿的真实性，防止被骗稿。结合过去五年的写作经验，我给大家总结了辨别征稿真实性的两个方法，如下：

一是看平台的原创数量。

公众号上的文章有原创和转载之分。原创文章是被平台录用并发布在平台上的文章，而转载文章是平台从其他平台转载过来的文章。

想要区分原创文章和转载文章，其实方法很简单，大家只需要点开公众号文章，看左上角是否有“原创”的标志。如果有“原创”标志，那就是原创文章，如果没有，则为转载文章。

我们可以点开公众号的后台，查看往期文章。如果往期文章的原创数量很少，那平台大概率没有征稿需求。如果往期文章的原创数量很多，那平台征稿的真实性也会比较高。

二是看平台的发布时间。

如果平台最新一篇文章的发布时间是在半年前及以上，那就说明平台已经停更一段时间了，大概率没有征稿的需求。

如果平台近期频繁更新文章，而且日期都离现在不远，那平台征稿的真实性也会比较高。

三是看平台的文章阅读量。

如果平台文章的阅读量很低，那就意味着它的收入也很有限，不太可能有费用拿出来征稿，支付稿酬。

2. 投稿的基本格式

第一，文章的段落前面不需要空两格，段落的第一句话顶格写即可。

第二，每个段落之间通过空一行来划分。

第三，一篇文章的字数一般在一千八百字到两千四百字之间，文章一般有四个部分，每部分的字数控制在五六百字。

第四，字体格式、大小一般调整成宋体、小四。

第五，投稿格式一般以 Word 形式投稿。把文件用“笔名 + 文章标题”命名。

第六，文章中若有提到热点事件，可以配上相关图片。其他情况，除非编辑老师有特别要求，否则不需要配图。

第七，投稿途径一般有微信投稿和邮箱投稿两种。建议大家优先选择微信投稿，因为方便及时收到编辑的反馈，也方便跟编辑探讨文章。

3. 投稿技巧

投稿有以下两种方式：从大号到小号依次投稿，以及从小号到大号依次投稿。

这里要特别注意的是，不能一稿多投，所以这里所说的依次投稿，一定是你所投的这个公众号确定不收了，你才能投下一个号。

第一种方式的好处是，大号的稿费比小号高，有较大的概率能拿到高额稿费。坏处是，大号的标准和要求也较高，你很容易因为频频被拒稿而失去信心。

第二种方式的好处是，小号的标准和要求较低，你上稿的可能性会大，比较容易建立信心。坏处是，小号的稿费相对较低，你的文章如果先被小号录用，就失去了获得高额稿费的机会。

4.投稿须知

你所投的稿子必须是原创首发。原创，就是必须是自己的原创内容，没有照搬、抄袭他人的现象。首发，就是在投稿之前，没有在其他任何平台发布过这篇文章。

稿件录用情况：一般在三到七个工作日内会通知你稿件是否录用。有些平台会特地写明，超过某个时间不回复，就代表未录用，可以关注一下平台是否写明了截稿时间。

稿件发布情况：一般来说，文章上稿了之后，不一定会马上发布在公众号上。稿件的发布时间，取决于平台近期发布的选题，以及平台近期录用的稿件数量。

如果平台近期已经发布过类似主题的文章，为了避免读者视觉疲劳，短期内就不会再发布相似的主题，所以你文章的排期就会延后。反之，如果你的文章的主题和平台近期发布的文章不相近，那你的文章的排期就会靠前。

如果平台近期录用的稿件很多，每天能够发布的稿件数量又是有限的，那你的文章的排期也会延后。

就我以往的上稿情况来看，快的话，在上稿后的一两天内就会发布文章，慢的话，在上稿后的一个月左右会发布文章。

如果上稿一个月还没有看到文章发布，你可以主动询问编辑，文章的排期大概在什么时候，以免编辑手头上的文章太多，把你的文章遗漏了。

稿费发放情况：一般来说，前一个月上稿发布的文章，会在下一个月发放稿费。有些平台是通过微信、支付宝发放稿费，有些平台是通过银行卡转账发放稿费。

每个平台发放稿费的时间也各不相同，有些是在月初，有些是在月中，有些是在月末。建议大家耐心等待，不要频繁去问编辑稿费的事。如果到了月底最后一天还没有收到稿费，可以询问一下编辑。

5.提高投稿命中率的技巧

（1）分析公众号的调性和受众

我发现很多写作新手在写完文章之后，就直接拿去投稿了，不会筛选和比较所投的公众号，觉得这个公众号不错就直接投了，这样的上稿率往往会很差。

在向一个公众号投稿之前，必须要先了解它的调性和受众。调性就是它的风格基调是什么样子的，比如“十点读书”这个公众号的调性就是温暖治愈，给人一种暖心陪伴的感觉。如果你写的稿子是犀利尖锐的，那可能就不太合适。

而另一个公众号的调性就是犀利尖锐的，如果这时候你拿温暖治愈的文章去投稿，对方就不会录用。

我们在投稿之前，一定要先了解公众号的调性。只有你的文章符合了它的调性，上稿率才会高。

所以，如果你投稿被拒，未必是因为你的稿子不够好，可能是你投错地方了。这就像你把家里刚收成的小麦拿去卖给珠宝收购商，把家里攒下来的废纸和矿泉水瓶去卖给药材收购商，那对方肯定不要。

可能会有人问，要怎么知道一个公众号的调性呢？一般来说，你点开公众号，看个四五篇它的原创文章，看完之后，就大概知道它的风格是什么样了。

还有一点要注意，就是要了解公众号的受众。每个公众号都有它特定的受众。比如“阿何有话说”这个公众号主要是针对职场人士的，你的情感文写得再好，投到这个公众号也会不合适。

所以，我们在投稿之前要先了解一下这个公众号的受众群体。因为你的文章就是写给这些受众群体看的，只有当你写出这类受众群体感兴趣的话题时，文章才会有流量。

（2）刻意模仿

如果你想上稿“十点读书”这个平台，那你就去刻意模仿这个公众号的文章。

给大家举个例子，“十点读书”上发布过一篇文章，标题是“人生下半场，拼的是复原力”。这一类的主题，是能够被“十点读书”这个平台所认可和接受的。

那我们能不能想一想，人生下半场，还可以拼什么？比如，人生下半场，拼的是有从头再来的勇气，那你就可以写一篇《人生下半场，拼的是清零力》，就是把过去清零，从头再来，也可以写一篇《人生下半场，拼的是抗挫力》。

也就是说，我们要跟着上稿文章的方向去走，这样做肯定比自己盲目摸索来得更有效一些。当你不确定什么样的主题适合这个公众号的时候，你就可以去刻意模仿这个公众号上已经发布的文章。

要特别提醒大家的是，公众号上有些文章是有原创标的，有些文章是没有原创标的，大家在模仿的时候，要选取有原创标的那些文章，因为没有原创标的文章是公众号从其他地方转载的。只有有原创标的文章，才是在这个公众号上通过投稿发布的文章。

（3）被拒稿后如何变废为宝

我们前面有说过，被拒搞不一定是因为你的文章不够好，有可能只是你的文章不适合这个公众号，所以你可以多向几个不同的公众号投稿，以此来提升自己的上稿率。

但是要特别注意的是。你在投给另一个公众号的时候，一定是在确定之前的公众号不录用的前提下。否则就会变成一稿多投，一旦被发现了，可能这两个平台从此就不再录用你的稿件了。

对于被拒稿的文章，大家可以通过以下三点进行查缺补漏：

第一，事例是否新颖。像《我的前半生里》里的罗子君，还有张幼仪、徐志摩、杨绛、钱钟书这些人物的事例已经被很多人用过了。如果你的文章中出现了这一类比较老的事例，编辑一般都不太喜欢。

第二，看一下你的观点是否深刻。如果你讲的是一个人尽皆知的观点，或者你的观点只停留在表面，文章的上稿率也是很低的。我之前有一个学员整篇文章都在说，女人不仅要注重外在美，还要注重内在美。全篇用两三千字论述这个观点，但其实这个观点已经是人尽皆知了。别人并不愿意花太多的时间来看你长篇大论地论述这个观点。

第三，和编辑聊天。如果你是在微信上进行投稿的话，被拒稿的时候，可以问一下编辑，文章主要是哪里出了问题。有些编辑还是很乐意回答的，因为他们长期在审稿，十分了解这个公众号的用稿要求，而且能够很准确地指出你文章里的不足之处。你问完之后，就会知道自己的问题出在哪里，就可以有针对性地去改进。

之前我有一篇文章被拒稿了，当时我问编辑问题出在哪里，编辑说因为他们前几天刚发布了一篇关于某个演员的文章，而我的文章里恰巧用了这个演员的事例，他们担心会引起读者的视觉疲劳，所以就决定不用了。

还有一次，我的另一篇文章被编辑拒用了，我问原因的时候，编辑说其实文章没有什么问题，只是他们前几天刚发过一篇类似的文章，所以就决定不采用了。

所以，有时候被编辑拒稿并不是因为你的文章写得不好，也可能是因为平台近期刚发过类似的主题，为了避免重复，所以才不用的。

第四，把废稿利用起来。你辛辛苦苦写完了一篇文章却被拒稿了，这并不代表你的努力就白费了。你可以把文章中的事例保留起来，如果这些事例和下一篇文章的主题相吻合，那就可以把这个废稿里的事例用在其他文章上。

如果你的文章写得一般，让人看完觉得没有特别之处，这时候你就需要一个比较好的引爆点。比如，你写了一篇关于“结婚要慢，离婚要快”的文章，但是读者并不喜欢看，碰巧遇到新闻中报道名人离婚的事件，你就可以把这个离婚的热点事件放在文章的开头作为引子，并且在标题上体现出这个热点，这样一下就能给你的文章增彩许多。

就像我们前面所说的，名人离婚的时候，朋友圈和公众号一时间有特别多相关的文章，其中有些文章是事件发生之后立马写出来的，而有些文章则是事先写好了，只是当时缺少一个很好的引爆点，临时添上热点后发表出来的。

热点事件刚出来的时候，会有很多人关注，在微博上能登上热搜榜，所以当你把这个事件放在你的文章中的时候，一下子就能引起特别多人的关注，提升你的阅读量。有些编辑也会因为需要相关的稿子，而采用你的文章。

写作是个实战性比较强的领域，学再多的理论知识，如果没有动笔写起来，也是等于零。

那么，如何迈出第一步呢？

模仿是最好的老师。

选取平台的爆文进行拆解，拆解当中的选题、大纲、素材和金句，然后进行刻意练习。一方面要练习文笔，一方面要拓展思维。通过代入人物、分析好处与坏处、提供行动指南等方法，多维度对文章展开论述。

并且在写作的过程中，要戒掉“自嗨”，研究平台的风格和调性，按照平台的要求去写作，我们上稿的概率才会提高。

在投稿的过程中，也要注意相应的格式规范，字体大小、段落布局、文章命名都要按照规定的格式来写。若是收到改稿要求，也要积极配合编辑老师。

所谓的人生开挂，不过是厚积薄发。当我们一步一个脚印地打好根基，总会迎来自己的花繁叶茂。

第七章
提升写作收入的秘诀

第1节
“码字神器”：应用程序集锦

“副业刚需”是目前很流行的一个词。

随着自媒体领域的发展，越来越多的人把写作作为副业选择，想要通过写作提升收入。

关于写作变现，如果我们能够找对平台和领域进行深耕，找对榜样进行对标学习，制定每日写作计划并严格执行，研究相关数据形成闭环反馈，并且通过相关工具提升写作效率，我们写作变现的能力也会大大提升。

俗话说：“工欲善其事，必先利其器。”如果你会运用写作工具，就能够事半功倍。

如果你想系统地学习写作，这十二个“码字神器”，你一定要知道。

1. 石墨文档

手机端和电脑端可以同步更新，方便我们随时随地开始写作。

2. 讯飞输入法

可以自动把语音转换成文字，用说的肯定比打字快多了，可以大大提高我们的写作效率。

3. 纸条

这个应用程序里有激发写作灵感的短句，也有各种写作素材。你可以根据自己的学习阶段，制定相应的学习计划。

4. 句读

这里面有各种名言和金句，可以引用到文章里，增加文章的文采。

5. 藏书馆

这是一个很棒的阅读软件，里面有很多书籍可以阅读，种类繁多。

6. 思维导图

思维导图的特点是条理清晰，简明扼要，适合用来记录关键点和罗列大纲。

7. 得言

里面有超多、超全的语录，包含励志成功、温暖陪伴、减压放松、节日祝福等不同类型，还可以根据自己的喜好来选择推荐的语录类型。

8. 万词王

这个应用程序可以说是“词穷者”必备。如果你常常觉得词不达意，或者不知道如何精准地表达时，就可以通过输入你想表达的意思，找到相关的词汇。

9. 岛读

每日精选经典好文，可以满足日常的阅读需求，也可以作为优质文章的拆解素材进行学习。

10.Get 写作

输入关键词就可以看到别人写的相关文章，还可以通过大数据帮你取标题、改文章，以及进行原创检测，堪称写作新手的“宝藏”工具。

11. 秘塔写作猫

可以帮你推敲用语，斟酌文法，改写文风，会根据文章中出现的语法错误，给出相应的修改建议。

12. 千瓜数据

千瓜数据是小红书最全面的数据统计和分析工具。可以做账号的用户画像分析，也可以查看达人的账号数据和报价。

第2节
每个作者都应该有的成长思维

在前面的章节里，我和大家分享了很多写作方法。在这一部分，我想结合我的自身经历，和大家聊聊思维和努力方向上的问题。

人们都说选择比努力更重要。很多时候，选择对了，就会让我们少走很多弯路。我们要如何找对方向呢？

1. 找对平台

记得2016年我开始写作的时候，我就一直在某个平台上深耕。当时我几乎做到了日更，一年半的时间里，我写了上百篇文章，但是收益加起来还不到一百块钱。

因为这个平台的变现模式很有限，只能靠读者的打赏来获取收益。但读者不可能天天打赏，即使打赏了，金额也不会太多。

所以，找对平台很重要。平台决定了你的变现速度和变现模式。

就目前自媒体的盈利模式来看，建议大家主攻这两个方向：公众号投稿变现和自媒体平台运营。

公众号投稿变现的方式主要是根据平台的标准和喜好，写出符合平台要求的文章，通过赚取稿费获取收益。

自媒体平台运营变现的方式主要是在小红书、今日头条、知乎等平台输出有价值的内容，获得更多的关注，通过承接广告或者带货实现变现。

2. 找对领域

我在前面说过，刚开始写作的时候我还在读书，所写的内容不符合公众号群体的兴趣，后来，我把文章领域从大学拓宽到了励志领域，才开始实现上稿。

这里再跟大家强调一下，大家在写作的时候，一定要找准领域，把领域和受众相结合。

如果你的受众群体是全职妈妈，你可以侧重写育儿文、亲子文、情感文；如果你的受众群体是上班族，你可以侧重写职场文、成长干货文；如果你的受众群体是中老年人，你可以侧重写养生文、国学文、处世哲学文。

根据你的受众去找领域，对应地去输出他们所感兴趣的内容，你的文章才会更受欢迎。

3. 找对榜样

找对领域很重要，找对榜样也同样重要。这里的榜样可以是优质平台，也可以是优秀作者。

我们要拆解对方的标题、框架、行文格式、金句……这样能让我们快速进步。

我在写作初期，就大量拆解了“十点读书”公众号上的文章以及某个作者的文章。

拆解完“十点读书”的文章，让我对平台的风格和调性有了更加清楚的了解。在写作的时候能够更加符合平台的标准和要求，而不是想到什么就写什么。

拆解完那个作者的文章，让我逐渐改掉了论述太过生硬的问题，思维也能够逐渐拓展，论述角度更加多元化。

找对榜样，取别人之长来补自己之短，会让我们进步得更快。

4. 长期主义

当初和我一起开始写作的朋友有很多，但一起坚持到现在的人却不多，因为很多人一遇到挫折，就开始打退堂鼓了。

对于初学者来说，写作路上一定会遇到各种各样的问题。很多时候，我们比的不是天赋，而是抗挫力。

其实，只要你能坚持，就足以胜过很多人了。

有句我很喜欢的话，分享给大家：“做一个长期主义者，因上努力，果上随缘。”

第3节
让你脱胎换骨的十个写作微习惯

我常常会听到有人说："时间不够用。"

其实每个人一天都只有二十四个小时，那些赚取高额稿费的作者和那些获得数十万粉丝的博主，并不是因为时间比别人多，而是实现了时间的高效利用。

这五年来，写作让我改变了很多。写作让我从一个默默无闻的写作小白，变成了许多人熟知的签约作者。让我的副业收入，从一个月几百元到上万元。也让我变得更加有底气，从之前的唯唯诺诺，到现在的自信大方。

在这个小节里，我会跟大家分享让我脱胎换骨的十个习惯。相信养成了这些习惯，你也能够实现普通人的逆袭。

1. 把时间划分成整块和碎片

我一般会把每天的时间分成整块时间和碎片化时间。整块时间用来完成需要集中精力并且不宜中断的事情，碎片化时间用来完成不太需要思考的事情。

比方说，下班后的整块时间我会用来思考选题和写文章。排队的间隙和坐车的途中，我会用来听文章的音频和收集素材。

2. 及时记录

灵感总是稍纵即逝的，很多时候，我们如果没有及时记录，过后就忘了。

养成及时记录的习惯，有什么好的灵感，生活中有什么好的素材，我们都要及时记录到备忘录里，或者用微信发给自己。

3. 拒绝无效社交

无效社交是个人成长的一大阻碍。参加自己不感兴趣的聚会，努力融入跟自己不合拍的群体。虽然表面上热闹，但内心却感到孤寂。

低质量的社交不如高质量的独处。我们可以把无效社交的时间用来提升自己。年复一年，你会有质的飞跃。

4.戒掉情绪内耗

胡思乱想、“玻璃心”这些都极大地影响着我们的做事状态和办事效率。

戒掉情绪内耗，不要让心情影响了你的事情。

5.刻意练习

找准自己的薄弱点去刻意练习。大纲不足，就重点练习大纲；金句不足，就重点练习金句。

把自己的短板补齐了，才会快速进步。

6.坚持复盘

通过数据来判断自己的完成情况。数据好就继续执行，数据不好就调整和完善。坚持复盘，能够让我们提高做事的成功率。

7.投资自己

投资自己是世上最值钱的投资。我之所以能够成长得这么快，就是因为我报了不少课程，吸取了不少前辈的经验。

我参加了个人品牌课，学会了个人品牌的搭建；参加了朋友圈营销课，学会了私域流量的运营；参加了时间创富训练营，学会了课程体系的建立……

这些宝贵的经验和方法，都让我少走了很多弯路，而这些用于投资自己的钱，也让我在之后赚到了更多的钱。

第4节
如何开启你的写作变现之路

如今是“副业刚需”时代，许多在职场发展受限的人，都在寻找自己的更多可能，“斜杠青年”这个词也应运而生。写作确实是一个很好的副业选择，因为它没有时间和地点的限制，可以由自己自由安排。

关于写作这项副业，我也有一些经验想要分享给大家。

1. 怎样开启副业

主要从这三个方面入手：

首先，你感兴趣的：兴趣是最好的老师，一旦你是发自内心地热爱某件事，你就能在不知不觉中克服困难，支撑自己向前走。

其次，你擅长的：如果你在某个领域已经有了一定的积累，那么你就相当于赢在起跑线上，会比一般人更有优势。

最后，与你的工作相关的：你每天上班都在接触的领域，肯定会比一般人更擅长，那么你就可以选择写这个领域的选题。

2. 制定长期目标和短期目标

长期目标可以给我们方向和奔头，时间一般是一年以上。想想你在今后几年里想要达到什么样的成绩，可以是收入上的，比如月入过万，也可以是头衔、标签上的，比如成为签约作者。

短期目标可以指导我们行动，时间一般是一个月、一周、一天。你需要计划在这段时间内你需要完成多少的工作量，要尽量具体，比如写几篇文章，画几幅画，录几节音频……

3. 如何行动

（1）选择学习对象

在刚接触一个领域的时候，找对方向很重要。方向错了，那就是南辕北辙。

选择好学习对象，就能少走很多弯路。我们一般要选择实战经验强、行业口碑好、作品数据优的学习对象，我们可以大量研究他的以往作品，摸索规律，也可以参加他的课程，直接学习。

（2）制定每日计划

想要取得成绩，前期大量打磨基本功是很有必要的。

这就需要我们先对自己的目标做个拆解，比如你想要达成发表一篇文章的目标，就需要完成找选题、列大纲、写作、投稿这四个目标。然后对这四个目标分配时间，制定计划，决定每天花多少时间去完成。

制定计划的时候，要遵循由易到难的原则，循序渐进的效果会更好。

（3）形成闭环模式

闷头去做是不行的，我们必须要学会复盘和反馈，形成闭环模式，效果好就继续执行，效果不好要及时调整。执行的模式是这样的：

先分析规律，然后按规律去行动；行动之后，得到反馈的数据；然后开始分析数据，根据数据的好坏来指导行动。

举个例子，我通过分析公众号上的文章，发现情商类的文章最近比较受欢迎，于是我就开始行动，去寻找情商类的选题。找到了“好好说话，是一个人顶级的情商”这个选题，开始着手写文章。

写完文章发布在公众号上，我们会得到一些相关的数据，比如说，阅读量和点赞量。通过阅读量，我们可以判断文章标题的好坏；通过点赞量，我们可以判断文章内容的好坏。也就是说，我们通过这些数据得到了一个反馈。

然后我们再通过得到的反馈，相应地去完善我们的内容，如此一来，就形成了一个闭环。

很多人都觉得工作占据了太多的时间，没有过多的时间可以用来提升自己。但其实，下班后的时间能够做很多事情。不信？我来给大家算一算。

下班后，除去通勤和吃饭的时间，到睡觉之前也有将近三个小时的时间。上下班通勤的时间可以用来听音频。晚上有整块的时间可以用来专注提升自己。这样日复一日，不仅能够提升自己的核心竞争力，还能够给自己多一种可能，让自己多一个选择。

在这一部分，我会跟大家说说，我是如何利用下班时间来进行自我提升，赚到人生第一桶金的。

我主攻的方向是写作，目前已经通过写作这项副业赚到了人生的第一个二十万。在对时间的管理和规划上颇有心得，希望我的这些方法，也能够给你一些帮助。

首先，我会制定计划表，并且留出一定的机动时间。

一般来说，我都会先把当天的空余时间以及需要完成的事情列出来，然后按照事情的轻重缓急，对应到不同的时间。

比方说，我今天的空余时间是晚上七点半到十一点半，今天需要完成的事情有：写一篇小红书、点评学员作业、发布一篇公众号、看书。

然后按照事情的轻重缓急，对应到不同的时间，就得到这样的安排：

19:30–21:00：点评学员作业

21:00–22:00：写一篇小红书

22:00–22:30：发布一篇公众号

22:30–23:00：看书

把每项事情分配到具体时间的好处是，每个时间段你都知道自己应该做什么，不会盲目。

我前面提到的时间是到晚上十一点半，但是在排计划表的时候我只排到了晚上十一点。这里不是写错了，而是故意留出一段机动时间。

因为现实情况可能会比较多变，没办法完全按照我们的计划来，所以我们要留出一段机动的时间，以便应对一些突发情况。

还有一点很重要，就是关掉手机的软件，进入免打扰模式。

其实很多时候，我们不是时间太少，而是对时间的利用率太低。

记得我上学的时候，可能每写一会儿作业，就会假装去客厅喝水，然后站着看好一会儿的电视，才回到房间继续写作业。

现在很多人学习的时候，没过一会儿就会拿起手机，刷刷朋友圈，刷刷微博。可能一整个晚上，刷这些社交软件的时间，比真正用在学习上的时间还要多。

所以，我建议大家在真正学习的时候，关掉相应的软件或者把手机放在一边。自控力比较差的人，也可以下载一些自我约束的软件，这样一来，没有完成哪些任务，在某个时间段，是没办法玩手机的。

此外，写作必须要做到每日坚持，且不过分追求结果。

量变到质变是有个过程的。很多事不是做个三五天就能够成功的，但很多人做了三五天没看到成绩，就放弃了。

其实我在写作前期，也并不顺利。每次写完一篇文章之后，满心期待地拿去投稿，得到的结果往往都是“感谢来稿，文章不合适”。

这对我来说，是个不小的打击。但我也总拿“一万小时定律”来激励自己，想着不管做什么事，只要能够坚持一万个小时，总能够成为这个领域的专家。也是靠着这个信念，我才坚持下来，才有了现在的成绩。

第 5 节
如何提高写作速度

我是从 2016 年 12 月开始写作的，在前期的一年半时间里走了很多弯路，到 2018 年 4 月才开始实现上稿。

从那以后，我的写作速度提升得很快，一个月能上稿一二十篇文章，而且大多是“十点读书”“有书”“洞见”“樊登读书”“富书”这样的大平台。

提高写作速度，就意味着能在单位时间内写更多的文章，能赚取更多的稿费。

在这部分我会结合我的个人经历，给大家分享提高写作速度的四个方法。

方法 1：讯飞输入法，语音转文字

我给大家推荐一个实用的应用程序，叫讯飞输入法。用说的肯定比用写的快多了，我们可以直接在这个应用程序里输入语音，它会自动把语音转换成文字，转换完之后，再修改个别错别字就可以。

方法 2：备忘录记大纲

虽然用思维导图记思路，条理会很清晰，但我还是倾向于用备忘录，简单好用。直接列出几个小点，把自己的想法记下来。随时随地都可以记录，非常方便。

方法 3：素材用微信发给自己或者保存到印象笔记

在写作的时候我们会经常遇到一个问题，就是想要找素材的时候，发现有点印象，但是忘了在哪里见过。真正要用的时候，就找不着了。

所以，平时看到合适的素材时，可以用微信发给自己，或者保存到印象笔记。在平时做好积累，之后要写的时候，方便快速查找。

方法 4：平时有意锻炼自己的发散性思维，提升思考速度

我们平时在生活中遇到一件事，可以多想想这件事可以得出什么观点。

比如，你看到一对夫妻吵架，就可以联想到好好说话的重要性；你看到同事闷闷不乐，就可以联想到好心态的重要性；你看到鸿星尔克因为捐款五千万，导致门店商品被抢售一空，就可以联想到善良厚道的重要性。

在平时的生活中，我们要多进行思考和联想。久而久之，我们的发散性思维和写文速度，也会有所提升。

后记

后记

从大四的时候开始写作，当时我也是误打误撞知道了自媒体写作平台，然后开始在平台上深耕文章。后来转战到公众号投稿，写出了上百篇“10 万 +”爆文，成为“十点读书”“洞见”“樊登读书”等众多头部公众号的签约作者。再到后来，我开设了自己的写作课程，指导了五百多名学员实现写作变现。

现在回头看，我很庆幸自己选择了自媒体这个领域。

在一个普通的公司，可能需要达到中层的位置，才能够月入过万；可能要成为行业顶尖的专家学者，才会有数万粉丝的知名度。

但在自媒体领域，普通作者月入过万并不少见，粉丝过万的也是大有人在。在以前，这是很多人连想都不敢想的事情。

有句话说得好：“选择大于努力。”

如果我们选择了一个快速发展的行业，相当于坐上了正在上升的电梯；如果我们选择了一个逐渐没落的行业，相当于坐上了正在下降的电梯。

自媒体行业正处在红利期，如果你是全职妈妈，想在带娃之余贴补家用；如果你是上班族，想在下班之余拓展副业；如果你是大学生，想要在学习之余寻找兼职，那么，写作绝对是你最好的选择。

写作没有时间和地域的限制，只要有一部手机、一台电脑，随时随地就可以开始写起来。

虽然从零到一的这个过程，可能并不容易。但这些看似纷繁复杂的文章，其实都是有章法可循的。

只要你能够按照书中所说的方法，去拆解爆文和刻意练习，在选题、大纲、素材、完整成文这四个环节打好基础，就不愁写不好文章。

除了写作方法和技巧方面之外，还想和大家聊很重要的一点，那就是心态。

当你刚踏入写作这个领域的时候，肯定会遇到这样或那样的问题。有的人受到一两次挫折，就轻言放弃了，有的人却能够越挫越勇，触底反弹。长此以往，差距就渐渐体现出来了。

其实，很多人之所以能够做出一番成绩，不是因为他多么有天赋，而是因为他能够戒掉“玻璃心”。把唉声叹气的时间，拿来精进自己。

当你学会把情绪切换成解决问题的模式，你就已经赢了一半了。

最后，有几句话想要分享给大家："每一个大神，都是从小白一点点成长起来的。那些没有破土而出的日子，都是在往深处扎根。根扎得深了，离冒尖也就不远了。"

与大家共勉！